JN312344

ピア・サポートによる
トラブル・けんか解決法！

DVD付き

指導用ビデオと指導案ですぐできる
ピア・メディエーションとクラスづくり

池島徳大 監修・著　**竹内和雄** 著

はじめに 子ども同士でトラブル
「けんかのないクラス」ではなく

今までのトラブル解決法

① いつも男子が使ってるでしょ！今日は私ら女子に使わせてよ！／早い者勝ちがクラスのルールだし、俺らが使って当然だろ！

② どうした？もめてるのか？／あっ、先輩！早い者勝ちがルールだから早く給食食べて、ボールとったのに、こいつが…／いつも使ってるから、今日くらいいいでしょ？

③ 何ややこしいこと言ってるんだ！めんどくさいから、今日は、このボール、俺が使うぞ〜！／え〜！なんで〜／そんな〜

④ えへん！こういうのをけんか両成敗って言うんだぞ！／さいあく〜おまえのせいだぞ！／悪いのはそっちよ！男子ばっかり使ってずるい！

　昼休み、ボールをどちらが使うかで2人がもめています。昔の教室では、こういうトラブルが教室で起きても、自分たちで解決できていました。誰かが両方の言い分を聞き、お互いが納得できるように収めていました。

　しかし最近は、子どもたちはこういう場面で見て見ぬふりをすることが増えています。止めに入っても、「けんか両成敗」「じゃんけん」など、後味の悪いものになってしまう場合が多いようです。

　上のマンガの例では、偶然通りかかった先輩が、「けんか両成敗」で無理やり収めてしまっています。これでは、その場は収まっても、不満は残り、また違う形でトラブルが起こってしまいます。そういうトラブルが積み重なって、子どもたちにとって、クラスが居心地の良くないものになってしまうのです。

解決できるクラスをめざそう
「話し合いで解決」を目標に！

これからのトラブル解決法

①
- いつも男子が使ってるでしょ！今日は私ら女子に使わせてよ！
- 早い者勝ちがクラスのルールだし、俺らが使って当然だろ！
- どうしたの？もめてるのか？

②
- 話し合いに入っていいかな？3つのルール、守れる？
- あっ、先輩！ルールあるなら守るから、聞いて、先輩！
- うん、ルールってどんなルール？

③
- 1つ目は自分の気持ちを正直に話す　2つ目はしっかりと相手の話を聞く
- うんわかった
- 3つ目は？

④
- 3つ目は相手の言葉をさえぎらない　どう？大丈夫？
- がんばろうな　どちらから話す？
- じゃ私から話すね　いつも男子ばっかりでしょ　バレーボール大会あるし…女子も…
- うん、がんばってルール、守る！

　　上の例では、先輩は、頭ごなしに解決していません。「話し合いのルール」を提示して、お互いで解決できるように仕向けています。難しいようですが、時間をかけて丁寧に指導すれば、小学校3年生ぐらいから中・高校生まで、意外なほど上手に、自分たちで解決できるようになります。
　　誰かが強引に解決するのではなく、自分たちで、話し合いで解決できるように学んでいくことは、トラブル解決に非常に効果的です。そのために、身につけたいスキルや知識があります。本書では、それを身につけるのに必要な事柄を全10時間の指導計画にまとめ、指導用ビデオ、指導案、指導用シート、理論・解説編を用意しています。
　　トラブルやけんかは、クラスにとって絶好の指導の場です。さあ、子どもを信じて、ピア・メディエーションにチャレンジしましょう！

ピア・サポートによる トラブル・けんか解決法！ contents

はじめに　子ども同士でトラブル解決できるクラスをめざそう … 2

指導用ビデオの解説 … 6
　① 怒りの感情を知ろう … 6
　② すてきな聞き方 … 7
　③ すてきな頼み方 … 8
　④ 納得のいく断り方 … 9
　⑤ ＡＬ'Ｓ（アルス）の法則1　「悪口を言った、言わない」… 10
　⑥ ＡＬ'Ｓ（アルス）の法則2　「そうじサボったでしょ!?」… 11
　⑦ ＡＬ'Ｓ（アルス）の法則3　「ぶつかられて色ぬりを失敗した！」… 12
　⑧ ＡＬ'Ｓ（アルス）の法則（番外編）「ボールの取り合い」と池島教授解説 … 13

第1章　実践編

1．やってみよう！　ピア・サポートによるトラブル・けんか解決法 … 14
　① 今こそピア・サポート！ … 14
　② 特に大切にしたいこと … 17
　③ ピア・メディエーション指導計画 … 18
　④ 指導のおおまかな流れ … 18

2．クラスの実態調査期　アンケートなどで子どもを知ろう！ … 20
　指導案1「怒りの感情」を知ろう … 24

3．トレーニング期　知識、スキルを学びましょう！ … 28
　指導案2「すてきな聞き方」を考えよう … 29
　指導案3「すてきな頼み方」を考えよう … 33
　指導案4「納得のいく断り方」を考えよう … 37
　指導案5「ＡＬ'Ｓ（アルス）の法則」を学ぼう1「『悪口を言った、言わない』でトラブル」
　　を事例に … 41

指導案6　「ＡＬ'Ｓ（アルス）の法則」を学ぼう２　「『そうじサボったでしょ!?』でトラブル」を事例に … 46
　　指導案7　「ＡＬ'Ｓ（アルス）の法則」を学ぼう３　「『ぶつかられて色ぬりを失敗した！』でトラブル」を事例に … 47

４．ピア・メディエーション活動実施期　実際に取り組みましょう！ … 52
　　1　いよいよピア・メディエーションに取り組みます … 52
　　2　ロールプレイで学ぶピア・メディエーション … 52
　　3　トラブルを発見したら … 54

５．ふりかえり　子どもたちの変化を知ろう！ … 57
　　1　子どもたちの変化を知ろう！ … 57
　　2　子どもたちの感想 … 58
　　3　取り組みを進めていくと … 59
　　4　ピア・メディエーションの大きな可能性 … 60

第２章　理論・解説編

　　1　対人関係上のトラブルを解決する３つの方法 … 62
　　2　話し合いによる３つの解決方法 … 62
　　3　メディエーションの最終ゴール … 63
　　4　ピア・メディエーションとは … 63
　　5　逐語記録・解説──「悪口を言った、言わない」 … 71

おわりに　ピア・メディエーションは日本の教育を大きく変える … 76

参考・引用文献 … 78
監修・著者紹介／授業者および教材開発／映像編集など協力者 … 79

指導用ビデオの解説

指導用ビデオ1
怒りの感情を知ろう

集録時間　4分04秒

0～1分29秒　一般的な怒りの説明

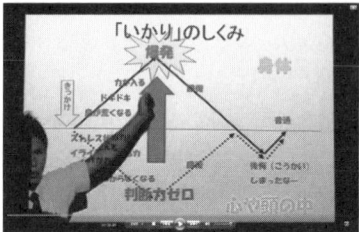

① 「怒りのきっかけ」の説明
- 何がきっかけかは人によって違う

② 怒りが爆発するまで
「身体の変化」の説明
- ドキドキする
- 息が荒くなる

「心や頭の中」の説明
- イライラ
- ムカムカ

③ 爆発から元に戻るまで
「怒りの爆発」の説明
「後悔」の説明

④ 普通に戻る

> 怒りについて、理論的に知ると対応ができますね！

1分30秒～4分04秒　「キレる」怒りの説明

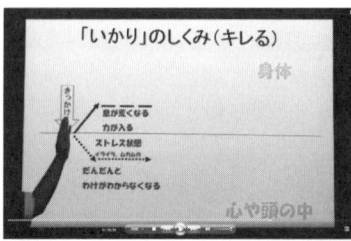

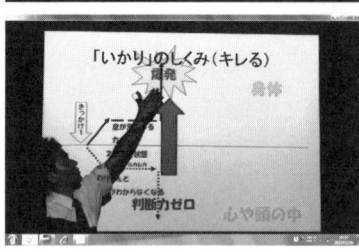

① きっかけ1→2の説明
- 表面的にはわからない
- 心の中でふつふつと進行

② きっかけ2で爆発
- 小さなきっかけでも爆発
  （見た目では急に「キレた」とうつる）
- 実際は心の中で変化がある

> 突然「キレる」とよく言われますが、実はその前にきっかけがあるんですね。

ビデオ活用のポイント

「一般的な怒り」「『キレる』怒り」について、わかりやすく説明してあります。怒りについて知ることは、怒っている人に対応するときはもちろん大切ですが、自分が怒っているときに冷静になるためにも非常に重要です。

Cole, T.（1999）、本田（2002）、嘉ノ海（2007）を参考にしました。

指導用ビデオ2

すてきな聞き方

集録時間　7分59秒

0～2分20秒　気がのっていない聞き方

①相手を見ない
②たいくつそうにする
③相手のほうに体を向けない

> 目を合わせずに、相手に体を向けないと、いやな気持ちになってしまいます。

2分21秒～4分54秒　えらそうな聞き方

①相手の話に割り込む
②命令する
③見下した言い方をする

> 相手が話しているときに割り込んだり、命令したりすると、相手はいやな気持ちになります。

4分55秒～7分59秒　すてきな聞き方

①相手を見る
②相手のほうに体を向ける
③興味を持つ
④ときどきうなずく

ビデオ活用のポイント

相手の話をどのように聞けばよいかを、悪い例、良い例の両方を紹介しながら、わかりやすく解説しています。特に「良くない聞き方」を極端な演技で表現しているので、子どもたちにも理解しやすいと思います。

指導用ビデオ３

すてきな頼み方

集録時間　５分２６秒

０～１分３７秒　良くない頼み方の例

①いきなり頼む（名前を呼ばない）
②理由を言わない
③相手の都合を聞かない

> いきなり頼むと、いやな気持ちになります。名前を呼んで、相手の都合を聞きましょう。

１分３８秒～２分３０秒　すてきな頼み方の説明

①相手の名前を呼ぶ
②相手の都合を聞く
③頼む内容を言う
④頼む理由を言う
⑤相手にお礼を言う

２分３１秒～５分２６秒　すてきな頼み方の例と説明

> 頼む内容と理由をしっかり言うことがポイントですね！
> 最後には必ずお礼を言うことも、もちろん重要です。

ビデオ活用のポイント

　「良くない頼み方」と「すてきな頼み方」の２つを示しています。特に「良くない頼み方」では、トラブルに発展しかねないので、子どもたちにも理解しやすいと思います。

池島(2004)を参考にしました。

指導用ビデオ４

納得のいく断り方

集録時間　７分１７秒

０〜３分３９秒　納得のいかない断り方の例と説明

①あやまらない
②断る理由を言わない

> 理由も言わずに断ると、相手はとてもいやな気持ちになってしまいます。

４分００秒〜４分５９秒　納得のいく断り方の例

①相手にあやまる
②断る理由を言う
　・相手に「今」だめな理由を説明する
③提案する
　・別の案を提案する

５分００秒〜７分１７秒　納得のいく断り方の説明

> 断るときは、「納得のいく断り方」を心がけましょう！

ビデオ活用のポイント

　子どもたちの日々の生活の中で、相手の提案に対して断る場面が多くあり、断ることがうまくできずにトラブルが起きてしまうことも多いようです。相手に自分の状況をしっかり説明し、相手が納得できるようにすることは、他の場面でもいろいろと応用できます。

指導用ビデオ5

AL'Sの法則1
「悪口を言った、言わない」

集録時間　16分45秒

０～11分42秒　「悪口を言った、言わない」AL'Sの法則で解決

班長の辻本さんが、班員の駕田君と「悪口を言った、言わない」でもめています。松山君がメディエーターとして「AL'S」の法則を使って、トラブル解決をする場面です。
　AL'Sの法則についての説明をしながら話を進めます。

11分43秒～14分00秒　満足感の三角形

トラブル解決
満足感の三角形
①平等に聞いてもらえた
②言い分が言えた
③すっきり解決した

71～75ページにこの事例の詳しい解説（逐語記録）を載せています

14分01秒～16分45秒　AL'Sの法則の解説

AL'S（アルス）の法則
Agree（アグリー）（同意する） 
話し合いのルール
①正直に自分の気持ちを話す
②しっかりと相手の話を聞く
③相手の言葉を決してさえぎらない
Listen（リッスン）（聞く）
相手の話をしっかり聞く
Solve（ソルブ）（解決する）
お互い解決しようと努力する

なるほどね

10

指導用ビデオ6
AL'S（アルス）の法則2
「そうじサボったでしょ！？」

集録時間　１７分１８秒

０～１０分３１秒　「そうじサボったでしょ！？」をAL'Sの法則で解決

> 辻本さんと駕田（かごた）君が「そうじをサボった」ともめています。それを松山君がメディエーターとして「AL'S」の法則を使って、トラブル解決をする場面です。
> 松山君は、相手の言葉をしっかり受け止め、繰り返し、丁寧に解決していきます。

１０分３２秒～１７分１８秒　満足感の三角形

トラブル解決
満足感の三角形
①平等に聞いてもらえた
②言い分が言えた
③すっきり解決した

AL'S（アルス）の法則
Agree（アグリー）（同意する）
　話し合いのルール
　　①正直に自分の気持ちを話す
　　②しっかりと相手の話を聞く
　　③相手の言葉を決してさえぎらない
Listen（リッスン）（聞く）
　相手の話をしっかり聞く
Solve（ソルブ）（解決する）
　お互い解決しようと努力する

> メディエーターのポイント
> ①両者の言葉をしっかり受け止める
> ②言葉を受け止め、繰り返す
> 　「～ということですね」
> ③指示に従ってくれたら、しっかりとお礼を言う

指導用ビデオの解説　II

指導用ビデオ7
AL'S（アルス）の法則3
「ぶつかられて色ぬりを失敗した！」

集録時間　19分39秒

０～１２分３７秒　「ぶつかられて色ぬりを失敗した！」をAL'Sの法則で解決

> 辻本さんが「駕田（かごた）君にぶつかられて色ぬりを失敗した」と怒っています。駕田君は「謝ったやろ！」と言うばかり……。松山君がメディエーターとして「AL'Sの法則」を使って、2人の気持ちをほぐしていきます。

１２分３８秒～１９分３９秒　満足感の三角形

トラブル解決
満足感の三角形
① 平等に聞いてもらえた
② 言い分が言えた
③ すっきり解決した

AL'Sの法則（アルス）

Agree（アグリー）（同意する）
　話し合いのルール
　　① 正直に自分の気持ちを話す
　　② しっかりと相手の話を聞く
　　③ 相手の言葉を決してさえぎらない

Listen（リッスン）（聞く）
　相手の話をしっかり聞く

Solve（ソルブ）（解決する）
　お互い解決しようと努力する

メディエーターのポイント
① 両者の言葉をしっかり受け止める
② 言葉を受け止め、繰り返す「～ということですね」
③ 指示に従ってくれたら、しっかりとお礼を言う

指導用ビデオ8

AL'S（アルス）の法則（番外編）
「ボールの取り合い」と池島教授解説

集録時間　32分10秒

0～13分41秒　「ボールの取り合い」AL'Sの法則で解決

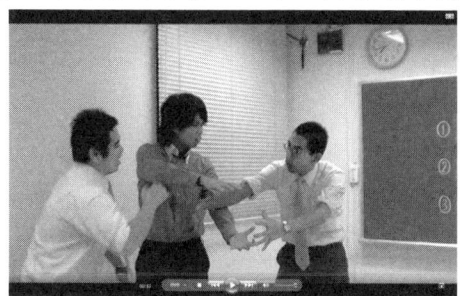

　昼休みに、松山君と駕田（かごた）君がボールの取り合いをしています。
　美藤（びとう）君がメディエーターとして「AL'S」の法則を使って、解決していきます。

13分42秒～32分10秒　奈良教育大学大学院　池島教授による解説

　メディエーターは、「対立が生じるのは自然なこと」という考え方をもっておくことが必要です。そして、裁くためではなく、対立している2人が和解策を見出すのを手助けする姿勢が重要です。
　助言をしたり、どうすべきかを教えたりといった態度で臨むのではありません。両者の言い分をきちんと聞いて、解決策を自分たちで出し合うようにし、互いに損のないような解決策（Win-Win Solution）が見出せるように援助します。
　解決するのはあくまで当事者です。両者の言い分をしっかり聞き、冷静に解決に向かうように援助していく姿勢が必要です。

指導用ビデオの解説　*13*

第1章 実践編

1. やってみよう！
ピア・サポートによる　トラブル・けんか解決法

A君「今日は僕がボールを使う！」
B君「俺が先だから、今日は俺！」
A君「いつもBが使ってるから今日は僕」
B君「早いもの勝ちがルールだろ！？」
A君「Bは朝、使ってただろ！」
先生「なに、けんかしてるんだ！」
両人「だって、こいつが○×□※！！」
先生「うるさい！　今日はボールは使用禁止！」
両人「え〜！！　▼□○×！！！」

> 教室でよくあるトラブルですね！

　こんなトラブルに、昔はクラスメートが割って入っていましたが、最近は「かかわり合いになるとややこしい」「やっかいなことに巻き込まれたくない」、そんな空気さえ感じます。しかたなく先生が止めに入り「けんか両成敗」「じゃんけんで勝負」など、その場の思いつきで対応します。その場は収まっても、わだかまりが残り、先生がいなくなったらトラブルが再燃してしまうこともあります。

1 今こそピア・サポート！

①「レスキュー」から「サポート」へ

　子どもがけんかなどのトラブルを起こしたときの先生の対応には、「レスキュー」と「サポート」があります。
　「レスキュー」は文字どおり、先生自身が問題を解決し、子どもを救います。それに

対して「サポート」は、先生は子どもが自分でトラブルを解決できるように支援します。つまり「レスキュー」では先生がトラブルを解決し、「サポート」では子ども自身がトラブルを解決し、先生はその手助けをします。

「レスキュー」のほうが解決は早く、先生は感謝されます。気分がいいし解決が早いので「レスキュー」に喜びを感じる先生は多いです。表面的には「レスキュー」に利がありますが、次に同じようなトラブルが起こったときに大きな違いが生じます。

前回「レスキュー」された子どもは、トラブル場面で先生を探します。前回と同じように先生に解決してもらおうとします。しかし、先生がいない場合では途方に暮れてしまいます。それに対して前回「サポート」された子どもは、教えてもらった支援策をもとに、自分で解決しようと努力します。つまり「サポート」は、子どもたちに自立心を養います。

もちろん、子どもが幼少の場合や身の危険を伴うような場面など、子どもだけで解決が不可能なときは「サポート」ではなく「レスキュー」が必要です。しかし発達段階に応じて「サポート」を増やしていく勇気が今の学校現場には必要です。

② 究極のサポートは「ピア・サポート」

「サポート」場面で、仲間に助けを求めたり、仲間と一緒に解決したりする方法を教えてもらった子どもは、そういう場面で仲間を探します。先生がそばにいないことはあっても、仲間や友だちが必ずいます。「サポート」のうち、子ども同士で支援し合う形を「ピア・サポート」と呼びます。今回はこのようなピア・サポートの考え方を基盤として稿を進め、その一形態としてのピア・メディエーションを紹介します。

③ ピア・メディエーションとは

メディエーションについては、「第2章 理論・解説編」に詳しい解説があります。ここではピア・メディエーションについて簡単に説明します。

「ピア」は「仲間」「同輩」、「メディエーション」は「調停」「仲裁」。ですから簡潔に訳すと「子ども同士によるトラブル解決」です。欧米では多くの学校に導入されており、トラブルを解決するための「ピア・メディエーター」あるいは「ピース・メーカー」という、事前に訓練を受けた特別な存在の子どもがトラブルに対応します。アメリカのある学校ではピア・メディエーターが書面に解決策を書き、最後にお互いが署名することまでしています。

しかし、日本ではなかなか広がりません。日本のある研究者が「欧米の『契約社会』

と違って、日本にはなじまないのかもしれない」と話されているのを聞いたことがあります。日本の学校に適したやり方を求めて試行錯誤を重ね、今回の実践では、欧米のように特定の「メディエーター」だけがトラブル解消にあたるのではなく、クラス全員が「メディエーター」として活動する「クラスワイド・ピア・メディエーション」に取り組みました。

　以前は、仲間同士のトラブル解決は、日本中、どこでも普通に行われていました。昔の子どもたちは、広場や路地裏、空き地などで、異年齢での遊びを通して、自然と社会性を身につけていきました。しかし、生活環境の変化や核家族化、ゲームの流行や携帯電話の普及など、様々な要因があって、社会性を学ぶ機会が激減し、望ましい人間関係を構築するのが苦手な子どもたちが増えているのだと思います。

　「昔はよかった」と嘆いていても、昔のような環境は戻ってきません。だからこそ、学校で、このような取り組みが必要なのだと思います。子どもたちに、学校で、人間関係を教えなければならない時代なのだと思います。そのような社会のニーズに合った提案の1つとして、ピア・メディエーションがあります。

④ 取り組んだ先生たちについて

　今回、取り組んだのは、初めて学級担任になったばかりの先生4名（全員20代）と、自称「生徒指導に自信がない」若い女性の先生です。決して、特別な、スーパーマンの実践ではありません。どこにでもいる普通の先生……もしかしたら、指導力という点ではまだまだ未熟（初めて担任を持つのですから！）な先生たちです。

　本書で紹介する実践案は、そういう先生たちと普通の元中学校教諭の私（竹内）が、奈良教育大学大学院の池島徳大教授に指導していただき、普通の公立小・中学校の子どもたちとつくりあげた、汗と涙の結晶です。授業づくりのために何度も集まり、話し合いました。各クラスの課題を出し合い共有し、その課題克服のためにピア・メディエーションの授業に取り組みました。どうしようもない時期は、合宿までしたこともあるほどで、一読したら私たちの熱意を感じていただけると思います。

> 私たちと一緒にピア・メディエーションを学びましょう！

> がんばろう！

⑤「誰でも指導できる」を目標に

今回は「誰が指導しても一定の水準を保てること」を目標に授業を組み立てました。若い先生たちの実践ですから、課題もクラスによって様々で、ベテランの先生のように臨機応変な対応も期待できません。

そこで共通の指導案、共通の指導シート、共通の指導用ビデオを使って、どのクラスでも円滑に授業ができるように工夫しました。また、授業後に反省会を持ち、課題を見つけ、レベルアップにつなげました。

2 特に大切にしたいこと

①「怒り」や「もめごと」を否定的に見ない

理論・解説編でも解説しているとおり、「怒り」「腹が立つこと」「けんかをすること」を「ダメなこと」「してはいけないこと」など、否定的にとらえては、今回の授業は成功しません。「人は怒ったり、腹が立ったり、けんかして当たり前。それをどうやって、クラスみんなで解決していくか」。そのための授業だということを強調する必要があります。

② 目標は「けんかのないクラス」ではなく「話し合いで解決できるクラス」

「はじめに」でも触れましたが、「けんかのないクラス」を目標にするのではなく、「話し合いでトラブルを解決できるクラス」を目標にしていきたいものです。先生側が「けんかやトラブルは、成長するためのきっかけ、指導するための材料だ」としっかり認識しておく必要があります。クラスでトラブルが起こったとき、けんかが発生したときこそが、絶好の指導機会です。このことを先生だけでなく、子どもたち全員が思った段階で、この取り組みは成功です。

今回、取り組んだすべてのクラスで、トラブル自体が激減しました。子どもたちが、ピア・メディエーションの手法を学び、実際に活用したいと、うずうずしているのにもかかわらず、クラスにトラブルが起こらず、そうした傾向はどのクラスにも見られました。困った子どもたちは、隣のクラスのトラブルや他の学年のトラブルに介入していくようになりました。

3 ピア・メディエーション指導計画

① 全10時間の指導計画

本書では、授業に充てる時間として10時間を設定しています。実際の授業では、クラスの実態に応じて、臨機応変に対応するといいでしょう。

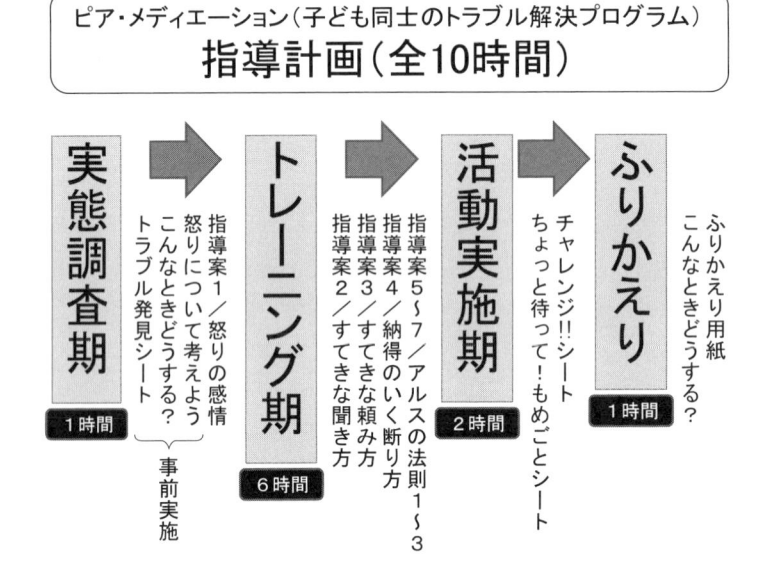

ピア・メディエーション（子ども同士のトラブル解決プログラム）
指導計画（全10時間）

実態調査期（1時間）
指導案1／怒りの感情
怒りについて考えよう
こんなときどうする？
トラブル発見シート
↓ 事前実施

→ **トレーニング期**（6時間）
指導案2／すてきな聞き方
指導案3／すてきな頼み方
指導案4／納得のいく断り方
指導案5〜7／アルスの法則1〜3

→ **活動実施期**（2時間）
チャレンジ!!シート
ちょっと待って！もめごとシート

→ **ふりかえり**（1時間）
ふりかえり用紙
こんなときどうする？

② 実態に応じた授業を

指導計画で特に重要なのは、実態調査です。クラスの実態に応じた取り組みでないと、うまく進みません。

本書は、授業場面で、子どもたちに見せるビデオ教材を8本用意しています。「初めて担任を持つ先生でも授業ができること」を目標に作成してあります。また、付録のＤＶＤの中には、ピア・メディエーション指導用シートのデータを、ワードファイル・一太郎ファイル・手書きＰＤＦファイルの3種類で収録しています。自由に改変し、皆さんのクラスの子どもたちの現状に合わせて活用してください。

4 指導のおおまかな流れ

① 実態調査期（1時間）

活動を効果的に進めるためには、まず3つの実態調査を事前に実施し、「指導案1『怒りの感情』を知ろう」につなげます。

- トラブル発見シート……日々の生活で、どんなトラブルが起こっているか？
- こんなときどうする？……実際のトラブル場面でどんな対応をしているか？
- 怒りについて考えよう……どんなときに、どれくらい怒りを感じるか？
- 指導案１／怒りの感情……怒りのメカニズムとしずめ方を学ぶ

② トレーニング期（6時間）

ここで重要なのはコミュニケーション能力を高めることです。これがピア・メディエーションを成功させる秘訣です。

- 指導案２／すてきな聞き方……傾聴スキルを良い例、悪い例を見ながら学ぶ
- 指導案３／すてきな頼み方……人への頼み方について、具体的に学ぶ
- 指導案４／納得のいく断り方……断るときに、納得してもらえる方法を学ぶ
- 指導案５〜７／AL'S（アルス）の法則を学ぼう……トラブル仲裁の基本的なルールを学ぶ
    - 事例１「悪口を言った、言わない」でトラブル
    - 事例２「そうじサボったでしょ!?」でトラブル
    - 事例３「ぶつかられて色ぬりを失敗した！」でトラブル

③ 活動実施期（2時間）

実際にピア・メディエーションを実施するために、ロールプレイを行いながら以下の２つの説明をします。

- ちょっと待って！ もめごとシート……トラブルを発見したことを報告するシート
- チャレンジ!!シート……ピア・メディエーション活動記録の記入シート

④ ふりかえり（1時間）

次への課題を把握するために、ふりかえりを実施します。

- こんなときどうする？……実態調査期のシートと同一のもので、対処の変化が把握できる
- ふりかえり用紙……ピア・メディエーションへの取り組みの感想を書いてもらう。本音が出やすくするために、白紙か罫線入り用紙に自由記述

2. クラスの実態調査期
アンケートなどで子どもを知ろう！

① 指導用シート1「トラブル発見シート」

「ピア・メディエーション」では、クラスでのトラブル解決を子どもたち自身が行います。そのためには、まずトラブルの状況についての実態把握が必要です。

クラスの子どもたちのトラブルについて知るために、指導用シート1「トラブル発見シート」を実施します。クラスの子どもたちがどんなトラブルを経験しているか知ることは、学級経営の大きなヒントになります。アンケート結果について、クラスで話し合い、それだけで成果が上がった学級もあります。

② 指導用シート2「こんなときどうする？」

実際に友だちが、けんかなどのトラブルを起こしている場面に出くわしたとき、子どもたちがどうしているかを把握するために、指導用シート2「こんなときどうする？」を実施します。シート1で多かったトラブルを使って、質問項目を変えるとよりクラスの実態に即したものになります。

同じアンケートをピア・メディエーション取り組み後に実施すると、子どもたちがトラブル場面での対応の変化がわかり、効果測定の指標の1つにすることができます。今回、ピア・メディエーションに取り組んだクラスでは、すべてのクラスで顕著に良い結果が出ています（57ページからの第1章「5. ふりかえり──子どもたちの変化を知ろう！」を参照してください）。

ロールプレイの1シーン

③ 指導用シート3「怒りについて考えよう」

「温度計に色をぬる」という遊び心で、自分自身がどんなときに怒りを感じるかを知り、授業の導入として使います。

ピア・メディエーション指導用シート1

☆トラブル発見シート☆

トラブル発見！

年 組（　　　　　　）

クラスのみんなで考えるために、あなたが見たり聞いたり、実際に体験したトラブル（けんか など）を書いてください。

1. いつ（例：20分休みに）　（　　　　　　　　　　）

2. どこで（例：運動場で）　（　　　　　　　　　　）

3. だれと だれが　　　　　（　　　　　　　　　　）
　　（例：A君とB君が）

4. どんなことでもめていたか（例：ボールの取合いをしていた）

5. （もしわかったら）どうやって解決したか

（5は、書かなくてもいいです☺）

ピア・メディエーション指導用シート2

☆ こんなとき どうする？ ☆

考えて みよう！

年　組（　　　　　　　）

あなたは次のようなときどうしますか。
1〜3の数字のうち、あてはまるものに○をつけてください。

① おにごっことドッジボール、どちらで遊ぶかで、友だち2人がけんかしている。

「おにごっこに決まってるよ！」　「ドッジボールがいいわ！」

　　1　何もしない　　2　一応声はかける　　3　間（あいだ）に入ってとめる

② 筆箱（ふでばこ）を落としたのに、「わざとじゃないから」と、友だち2人がけんかしている。

「あやまれよ！」　「わざとじゃないし！」

　　1　何もしない　　2　一応声はかける　　3　間に入ってとめる

③ 休み時間の終わり、どちらがボールをかたづけるかで、友だち2人がけんかしている。

「さいごに あんたが さわったでしょ！」　「いつも わたし ばっかり…！」

　　1　何もしない　　2　一応声はかける　　3　間に入ってとめる

④ 「悪口を言った」「言ってない」で、友だち2人がけんかしている。

「おまえ、オレの悪口言っただろ！」　「悪口なんて言ってないよ！」

　　1　何もしない　　2　一応声はかける　　3　間に入ってとめる

⑤ 帰ってから、どちらが〇〇君（さん）と遊ぶかで、友だち2人がけんかしている。

「今日は わたしが 遊ぶ！」　「今日は わたしよ！」

　　1　何もしない　　2　一応声はかける　　3　間に入ってとめる

⑥ 友だち2人が なぐり合い（つかみ合い）のけんかをしている。

　　1　何もしない　　2　一応声はかける　　3　間に入ってとめる

> DVDの中に、ワードファイル・一太郎ファイル・手書きPDFファイルが入っています！

ピア・メディエーション指導用シート３

☆ 怒りについて考えよう ☆

あなたは何度かな？

年　組（　　　　　　）

質問1 あなたは、次に書かれたようなできごとがあったとき、どれくらいの怒りを感じますか？「怒りの温度計」のところに色をぬり、（　℃）に数字を書いてください。

例	勉強しようと思っていたら、親に「早く勉強しなさい」と言われた。　(**80** ℃) 怒りの温度計　0℃　20℃　40℃　60℃　80℃　100℃
①	教室でふざけていた友だちが、ぶつかってきたのにあやまらずにその場から去っていった。　(　℃) 怒りの温度計　0℃　20℃　40℃　60℃　80℃　100℃
②	自分が大切にしていたＣＤ（ゲームやマンガ）を友だちに貸したが、返してもらえない。　(　℃) 怒りの温度計　0℃　20℃　40℃　60℃　80℃　100℃
③	普通に話しかけただけなのに、「死ね」と言われた。　(　℃) 怒りの温度計　0℃　20℃　40℃　60℃　80℃　100℃
④	自分の陰口や悪口を聞いたり、それを話している人を知った。　(　℃) 怒りの温度計　0℃　20℃　40℃　60℃　80℃　100℃
⑤	自分が授業中、前に出て発表しているのに、まわりの友だちが勝手にしゃべっていて聞いてくれない。　(　℃) 怒りの温度計　0℃　20℃　40℃　60℃　80℃　100℃
⑥	授業中、先生の話を聞きたいのに、まわりがうるさくて聞こえにくい。　(　℃) 怒りの温度計　0℃　20℃　40℃　60℃　80℃　100℃

質問2 あなたは、どんなときに怒りを感じますか？できるだけ具体的に書いてください。

ピア・メディエーション 指導案 ❶
「怒りの感情」を知ろう
「怒り」について正しく学ぶ

① 「怒りの感情」を正しく学ぶために

　子ども同士でトラブル解消するためのピア・メディエーションを学ぶにあたって、「怒りの感情」を知ることは、非常に重要です。そのため、最初に指導することにしています。怒りについて、そのあり方を学習することによって、子どもたちは冷静に対応することができるようになります。怒りの感情についてはアンガーマネージメント教育に詳しく、Cole,T.(1999)、本田（2002）、岡山県教育センター（2003）、嘉ノ海（2007）、本田（2007）などを参考にしています。

　ここでは、「怒りの感情」について学ぶために、具体的な指導案を提示しています。1時間扱いにしていますが、クラスの実態に応じて2時間にしたり、少しずつ細切れに行ったりすることも可能です。DVDに収録した指導用ビデオを活用した授業ですので、基本的に授業は、誰がやってもスムーズに進みます。

② 事前アンケート

　子ども同士で、けんかなどのトラブルを解決していくためには、まず子ども自身が「怒り」について正しく知ることが大切です。ここでは事前アンケートと合わせた授業を提案します。事前にアンケート（指導用シート3「怒りについて考えよう」）を実施します。「怒りの温度計」に色をぬり、「どんなときに怒りを感じますか？」の質問に答えてもらいます。

③ 指導案について

　授業の導入では、まず指導用シート3のアンケート結果を活用します。実在のクラスメートの「怒り」について話すと授業が盛り上がります。できるだけ身近なケースのほうがよりよいようです。

　「アメを食べようと思って袋から出したら、落としてしまったとき」（中3）とか「くしゃみが出そうで出ないとき」（小4）などを最初に提示すると、他の多くの子どもたちから同様な経験が出て、非常に盛り上がっていました。子どもたちが「あるある！」と感じるような具体例がいいようです。

④ 指導用ビデオについて

今回、出版するにあたって、小2から高1まで、多くのクラスで指導用ビデオ1「怒りの感情を知ろう」を見せていますが、子どもたちの反応は良好です。授業での活用を想定してビデオ化していますが、ビデオだけを見せても効果が上がるようにしてあります。途中で止めて解説を加えるとより効果的です。

> 怒りについて正しく知れば対処できますね

⑤「カウント法」「呼吸法」

今回は、「怒りの感情」をしずめるために、「カウント法」と「呼吸法」を示しています。授業では、できるだけ子どもたちに体験させるようにしていますが、「こんなことで怒りはおさまらない」とか「意味ないと思う」という声が子どもたちから出ることもあります。しかし、ここでしっかり学習しておくと、実際にピア・メディエーションを行っていく場面で使われることが多いです。「怒りの感情」をむきだしにしている子どもに対して、「はい、○○君、深呼吸して」とか「××さん、ゆっくり数字を10まで数えよう」とかの言葉を子どもたちがかけていたという報告を多くの先生から聞きます。うれしいことに、そういう言葉かけをしてもらった子どもは、授業場面を思い出して、ちゃんとその指示に従うのです。

大切なことは、「怒りの感情への対処方法を、クラスみんなで学んだ」という経験を共有していることなのだと思います。

> おやおや、ピア子ちゃん！ゆっくり深呼吸してみて！呼吸法だよ～

> も～ 腹が立つ～!!

第1章 実践編 25

ピア・メディエーション 指導案 ❶

「『怒りの感情』を
～「怒り」につい

時間	学習の流れ・先生の言葉かけ例	留意点
導入	**アンケート結果について** 【指導用シート３】「怒りについて考えよう」結果紹介 ① 「怒りの温度計」について 　＊怒りの温度計の結果を報告 　＊特徴的な数人について報告 　　「ぶつかられたのにあやまらない」 　　　A君20度　Bさん80度　C君100度 　　「マンガを返してもらえない」 　　　A君80度　Bさん20度　C君30度 ② 「どんなときに怒りを感じますか？」について 　アンケートから具体的な例を話す 　「友だちに悪口を言われたとき」 　「テストで、答えを思い出せないとき」	「怒り」は人によって違うことを意識させる できるだけ子どもたちに身近な例をあげる 「アメを食べようと思ったら　落としてしまった」「くしゃみが出そうで出ない」「勉強しようと思ってたら、母さんに『勉強しなさい！』と言われた」
展開 15分	**「怒り」について学ぶ** では、今日は、「怒り」について学びましょう 今日は「怒り」には２種類あることを学びます ではビデオを見てみましょう 　　【指導用ビデオ１】０〜１分２９秒 　　「怒り」のしくみＡ 　　・一般的な怒り 　　・徐々に怒りが高まる 　　【指導用ビデオ１】１分３０秒〜４分０４秒 　　「怒り」のしくみＢ（キレる） 　　・「キレる」怒り 　　・心の中でイライラしている	【指導用ビデオ１】 怒りの感情を知ろう 必要に応じて、一時停止して解説する
25分	「怒り」には、一般的な怒りと「キレる」怒りがあることがわかりましたか 「キレる」と聞くと、急に怒ってしまうように感じるのですが、「きっかけ２」があるのです 表面的には急に「キレた」ように見えますね	丁寧に説明する
35分	腹が立ったときに、すぐに言葉にすると大変なことになります 最後に「怒り」のしずめ方について説明します 今日は、カウント法と呼吸法を説明します 　　カウント法 　　・「カウント法」を説明する 　　呼吸法 　　・「呼吸法」を説明する	実際に２種類をやってみる 先生がやってから、子どもにも体験させる
まとめ 40分	**まとめ、ふりかえり** では、今日、感じたことを班で話し合いましょう 最後に感想を書きましょう	小集団で話し合い、意見を出し合う 感想を書く 感想は、学級通信等に掲載して共有する

知ろう」実践例
~て正しく学ぶ~

【ポイント】子どもたちに「怒り」について正しく教える。

> 同じことがあっても、人によって「怒り」の感じ方が違うことを説明します。具体的に、クラスメートによる違いを例示できれば、子どもにもわかりやすくなります。先生自身の感じ方を付け加えれば、より身近な話になり、話が進みます。
> 「怒り」について客観的に学ぶきっかけにします。

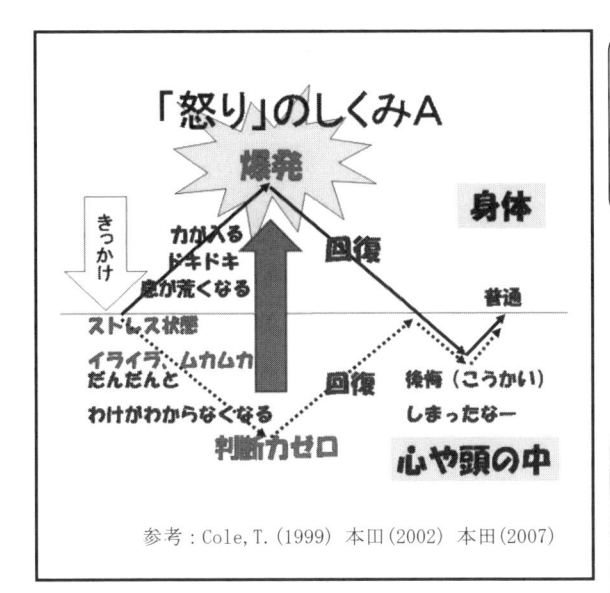

「怒り」のしくみA 図

「怒り」のしくみA
一般的な怒り
・徐々に怒りが高まる。
・爆発したあと、急激におさまる。
・いったん落ち込んだあと回復。

参考：Cole, T. (1999) 本田(2002) 本田(2007)

「怒り」のしくみB
「キレる」怒り
・きっかけ1のあとストレス状態。
・きっかけ2で一気に爆発。
・表面的には急に「キレた」ように見える。

「怒り」のしくみB（キレる）図

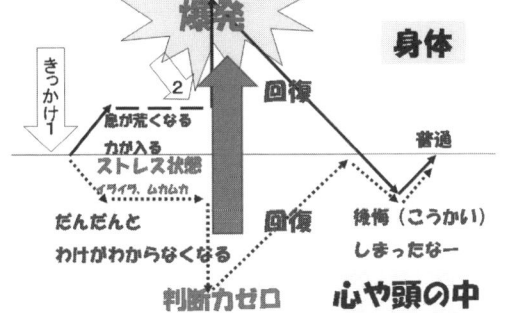

参考：嘉ノ海(2007)

「怒り」のしずめ方
①カウント法
　腹が立ったとき、心の中で「1、2、3、……」と数を数える。
②呼吸法
　腹が立ったとき大きく深呼吸する。
ポイント
　腹が立ったときにすぐに言葉にすると大変なことになります。
　とにかく、ゆっくり落ち着くことが大切と子どもたちに伝えましょう。

第1章 実践編 27

3. トレーニング期
知識、スキルを学びましょう！

　ピア・メディエーションを実施し、子どもたちが自分たちでけんかなどのトラブルを解決していくために、最低限教えておきたい知識やスキルがあります。まず必要なのは、「怒り」についての基本的な正しい知識、「傾聴スキル」を高めるためのポイント、「頼み方」「断り方」などのスキルなどです。さらに後半は、ピア・メディエーションを行うために必要な「AL'Ｓ（アルス）の法則」についても説明します。

　ところで、ピア・メディエーションは、子どもたちが自分たちでトラブル解決にあたっていくので、前提として子どもたちが円滑な人間関係を構築している必要があります。ですから、構成的グループエンカウンターなどを使いながら、望ましい人間関係が構築されるよう、素地づくりを行っておくことが大切です。

　　ここでは「怒りの感情」について学んだり、「話の聞き方」「頼み方」「断り方」を考えたりします。

　　しっかり学んでしっかり使おう！

ピア・メディエーション 指導案❷
「すてきな聞き方」を考えよう
「気がのっていない聞き方」「えらそうな聞き方」「すてきな聞き方」

①「人の話の聞き方」について

人の話の聞き方は、誰でもわかっているようで、実は難しいものです。ピア・メディエーションをしていくうえで重要なのは、トラブル当事者の「言い分」をしっかり受け止めることです。話し手にとっては「聞いてもらいやすい聞き方」「聞いてもらいにくい聞き方」があります。まず、指導用ビデオを使って、「聞き方」の良い例、悪い例を実際に見て、何が良いか悪いか、子ども自身が感じることから始めます。

②「気がのっていない聞き方」「えらそうな聞き方」「すてきな聞き方」

同じ話を3通りの聞き方で聞いています。指導用ビデオでは、それぞれの聞き方をかなり強調して演じていますので、子どもたちが見てもわかりやすいと思います。クラスみんなで見て、どこが良く、どこが悪いかを共有することで、実際のピア・メディエーションの場面で効果が上がります。

先生があらかじめ良い聞き方、悪い聞き方を例示するのではなく、子どもたちが指導用ビデオを見て感じて共有できることを心がけるのがポイントです。

③「FELORモデル」について

カナダのトレバー・コールが示している「FELORモデル」(Cole,T. 1999)がわかりやすいので、子どもたちに紹介すると効果が上がります。指導案の右下に示したような形で掲示物にして、教室に1年間掲示したクラスでは、かなり定着したようです。

④ 人の話を聞く様々なワーク

実際に時間を取ることができれば、学んだことを使って、「人の話を聞くワーク」をすると効果的です。いくつか紹介しましょう。ちょっとした小道具を用意することで、

ピア・メディエーション 指導案❷

「すてきな聞き方」
～「気がのっていない聞き方」「えらそ

時間	学習の流れ・先生の言葉かけ例	留意点
導入	**前時の復習** 前の授業では、「怒り」について学びました どんなことを学んだか覚えていますか？	前時の復習をする
展開 10分	**「聞き方」について学ぶ** 今日は「すてきな聞き方」について学びましょう 「良い聞き方」「悪い聞き方」を学びます では、ビデオを見てみましょう	
	【指導用ビデオ2】0～2分20秒 　気がのっていない聞き方	【指導用ビデオ2】 すてきな聞き方
	このビデオの聞き方はどうでしたか？ 各班で感想を出し合いましょう 　「気がのっていない聞き方」で押さえておきたい点 　・相手のことを見ていない 　・たいくつそうにしている 　・相手のほうに体を向けていない　など	小集団で話し合い、意見を出し合う 子どもの意見を板書
	【指導用ビデオ2】2分21秒～4分54秒 　えらそうな聞き方	
	このビデオの聞き方はどうでしたか？ 各班で感想を出し合いましょう 　「えらそうな聞き方」で押さえておきたい点 　・相手の話に割り込む 　・命令する 　・見下した言い方をする　など	小集団で話し合い、意見を出し合う 子どもの意見を板書
	【指導用ビデオ2】4分55秒～7分59秒 　すてきな聞き方	
	このビデオの聞き方はどうでしたか？ 各班で感想を出し合いましょう 　「すてきな聞き方」で押さえておきたい点 　・相手を見ている 　・相手のほうに体を向けている 　・興味を持って聞いている 　・ときどきうなずきながら聞いている　など	小集団で話し合い、意見を出し合う 子どもの意見を板書
30分	**「FELOR（フェロー）モデル」の説明** いい意見がたくさん出ましたが、カナダには、「FELORモデル」という、人の話を聞くときの注意事項をまとめたものがあります　参考にしましょう	必要があれば FELORモデルを 板書する
まとめ 40分	**まとめ、ふりかえり**	小集団で話し合い、意見を出し合う 感想を書く 感想は、学級通信等に掲載して共有する

を考えよう 実践例
～「いやな聞き方」「すてきな聞き方」～

【ポイント】「話の聞き方」について考える機会を持ち、良い聞き方の例を紹介する。

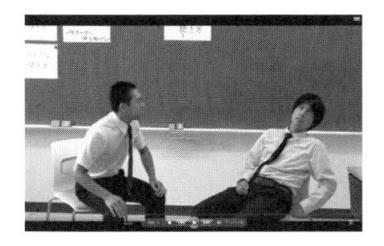

気がのっていない聞き方
①相手を見ない
②たいくつそうにする
③相手のほうに体を向けない

> 良くない聞き方は？
> 共通しているのは、相手のことを大切に思っていないことですね。
> えらそうにしたり、気がのらなかったりでは、相手はいやな気持ちになりますね。

えらそうな聞き方
①相手の話に割り込む
②命令する
③見下した言い方をする

すてきな聞き方
①相手を見る
②相手のほうに体を向ける
③興味を持つ
④ときどきうなずく

> 人の話を聞くポイントは？
> 相手のことを大切に思うことが重要です。
> 相手の言葉に興味を持って聞くと、相手を見たり、自然とうなずいたりしますよね。

ＦＥＬＯＲモデル（フェロー）

F→Facing（顔を相手に向ける）フェイシング
E→Eye-contact（視線を合わせる）アイコンタクト
L→Lean（前かがみの姿勢をとる）リーン
O→Open（心を開く）オープン
R→Relax（リラックスする）リラックス

参考：Cole, T(1999)

子どもたちのテンションは上がります。

　また、すべての授業の中に、子ども同士で意見交換をする時間を必ず設けるようにしたクラスもあります。そのことが学力向上に直結したという報告もあります。

　　ワーク例1「サイコロ・トーク」
　大きなサイコロを用意し、先生が転がします。6つの面には、それぞれ話題が書いてあり、出た話題について隣の人に1分間話します。聞き手は、「FELORモデル」を意識して、「すてきな聞き方」を心がけます。話題としては単純で話しやすいテーマがいいようです。
　話題例「目玉焼きの食べ方」「好きなテレビ番組」「最近うれしかったこと」
　　　　「最近笑ったこと」「自分の好きな場所」「100万円あれば」

　　ワーク例2　輪になってトーク
　教室で二重の輪になって、向き合って椅子に座ります。30秒ずつで隣にずれて、話をします。運動会や修学旅行、校外学習などの行事のあとなど、全員が話すことがたくさんあるときに行うと盛り上がります。

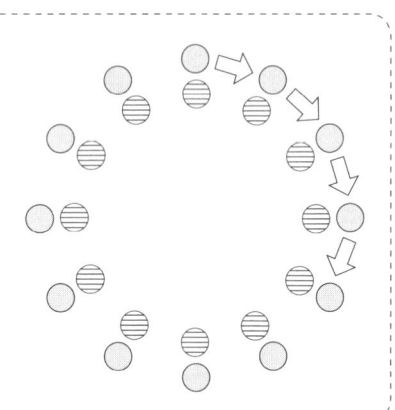

FELORモデル（フェロー）

F → Facing（顔を相手に向ける）
E → Eye-contact（視線を合わせる）
L → Lean（前かがみの姿勢をとる）
O → Open（心を開く）
R → Relax（リラックスする）

参考：Cole,T.(1999)

ピア・メディエーション 指導案❸

「すてきな頼み方」を考えよう
「良くない頼み方」「すてきな頼み方」

①「すてきな頼み方」について

人にものを頼むときにも、きちんとした頼み方があります。具体的な例をあげて学ぶことで意外と効果が上がります。

相手にとって、「良くない頼み方」と「すてきな頼み方」があります。指導用ビデオを使って、「頼み方」の良い例、悪い例を実際に見てみて、何が良いか、悪いか、感じることから始めます。

②「良くない頼み方」「すてきな頼み方」

指導用ビデオ3では、消しゴムを借りるときの頼み方を2通り演じています。

何も言わずに無理やり奪い取るような「良くない頼み方」と、相手の都合を聞いたうえで頼む「すてきな頼み方」をおおげさに表現しています。

子どもたちにそれぞれ、どんな感じがするか、しっかり話し合わせることが重要です。

③ 指導用シート4「すてきな頼み方」

指導用シート4を使って、確認しながら授業をするとスムーズに進行します。特に「相手の名前を呼ぶ」「相手の都合を聞く」「頼む内容を言う」「頼む理由を言う」「相手にお礼を言う」の5つのポイントを意識すると、うまくいきます。指導用シートを使って、頼み方の言葉を練習したあと、子ども同士で頼む練習をすると効果的です。

> 相手の気持ちを少し気づかうだけで全然違いますね

ピア・メディエーション 指導案 ③

「すてきな頼み方」
～「良くない頼み方」

時間	学習の流れ・先生の言葉かけ例	留意点
導入	**前時の復習** 前の授業では、「すてきな聞き方」を学びました どんなことを学んだか覚えていますか？	前時の復習をする
展開 10分	**頼み方について学ぶ** 今日は一歩進んで「すてきな頼み方」を学びます 人に頼みごとをするときのポイントを学びましょう ではビデオを見てみましょう 　【指導用ビデオ３】０～１分３７秒 　　良くない頼み方 このビデオの「頼み方」はどうでしたか？ 各班で感想を出し合いましょう 　「良くない頼み方」で押さえておきたい点 　・いきなり頼んでいる 　・理由を言っていない 　・相手の都合を聞いていない　など 　【指導用ビデオ３】１分３８秒～５分２６秒 　　すてきな頼み方と説明 このビデオの「頼み方」はどうでしたか？ 各班で感想を出し合いましょう 　「すてきな頼み方」で押さえておきたい点 　・最初に相手の名前を呼んでいる 　・相手の都合を聞いている 　・頼む内容を言っている 　・頼む理由を話している 　・相手にお礼を言っている　など	【指導用ビデオ３】 すてきな頼み方 小集団で話し合い、意見を出し合う 子どもの意見を板書 小集団で話し合い、意見を出し合う 子どもの意見を板書
20分	**頼み方を考えてみよう** 　設定１　蛍光ペンを忘れてしまったので、貸してほしい。 　設定２　色ぬりしていて赤色の絵の具がなくなったので、使わせてほしい。 　設定３　家の用事で部活動を欠席することを顧問の先生に言いに行くのでついてきてほしい。	【指導用シート４】を配付する 時間が余れば、設定４を子どもたちと考える
30分	**実際に頼んでみましょう** では、ペアを組んで実際に頼んでみましょう それでは、何人かにやってもらいましょう	どういう設定にするかは、自分たちで考える
まとめ 40分	**まとめ、ふりかえり**	小集団で話し合い、意見を出し合う 感想を書く 感想は、学級通信等に掲載して共有する

を考えよう　実践例
「すてきな頼み方」～

【ポイント】「頼み方」について考える機会を持ち、すてきな頼み方の例を紹介する。

良くない頼み方
① いきなり頼む（名前を呼ばない）
② 理由を言わない
③ 相手の都合を聞かない

　自分のことしか考えない態度は、ダメなのですね。ちょっとした言葉かけで、ずいぶん変わることがわかります。

すてきな頼み方
① 相手の名前を呼ぶ
② 相手の都合を聞く
③ 頼む内容を言う
④ 頼む理由を言う
⑤ 相手にお礼を言う

　相手のことを考えて、頼む内容をちゃんと言うことがポイントですね。

これも教室に掲示しよう！

すてきな頼み方

① （　　　　　　　　）君（さん）（声をかけ、呼びかける）
② ちょっといいかな？
③ （　　　　　　　　　　）してほしいんだ
④ 理由は（　　　　　　　　）なんだ
⑤ ありがとう！

参考：池島他(2004)

ピア・メディエーション指導用シート 4

☆すてきな頼み方☆

（使ってみてネ。）

年　組（　　　　　　　）

① _____
② _____
③ _____
④ _____
⑤ _____

（設定例）消しゴムを忘れたので、隣の席の山本君に貸してほしい。
① 山本君、　　　　　　② ちょっといいかな？
③ 消しゴムを貸して！　④ 今日、忘れてきてしまったんだ。

設定1 蛍光ペンを忘れてしまったので、山田さんに貸してほしい。
①　　　　　　　　　　②
③　　　　　　　　　　④

設定2 色ぬりしていて赤色の絵の具がなくなったので、中村君のを使わせてほしい。
①　　　　　　　　　　②
③　　　　　　　　　　④

設定3 家の用事で部活動を欠席することを顧問の先生に言いに行くので、同じ部活動の内田君についてきてほしい。
①　　　　　　　　　　②
③　　　　　　　　　　④

設定4 〈自分で考えよう!!〉
_____
①　　　　　　　　　　②
③　　　　　　　　　　④

DVDの中に、ワードファイル・一太郎ファイル・手書きPDFファイルが入っています！

ピア・メディエーション 指導案 ❹

「納得のいく断り方」を考えよう
「納得のいかない断り方」「納得のいく断り方」

① 「納得のいく断り方」について

　人に何かを頼まれたとき、それを断るのは意外と難しいものです。クラスでのトラブルは、そういう場面で起こる場合も多いようです。断り方も練習しだいで上手になります。具体的な例をあげて学ぶと効果が上がります。

　相手にとって、「納得のいかない断り方」と「納得のいく断り方」があります。指導用ビデオを使って、「断り方」の良い例、悪い例を実際に見て、子どもたち自身が、何が良いか、悪いかを感じることから始めます。

② 「納得のいかない断り方」「納得のいく断り方」

　指導用ビデオ4では、前回学んだ「すてきな頼み方」で消しゴムを貸してと頼まれたときの断り方を2通り演じています。

　「いや」と一言で断る「納得のいかない断り方」と、断る理由を言い、別の提案もする「納得のいく断り方」の2種類です。

　子どもたちにそれぞれ、どんな感じがするかしっかり話し合わせることが重要です。

> 断る理由を言い、別の提案をするのがポイントですね

③ 指導用シート5「納得のいく断り方」

　指導用シート5を使って、確認しながら授業をするとスムーズに進行します。特に「相手にあやまる」「断る理由を言う」「提案する」の3つのポイントを意識するとうまくいきます。3つの設定の断り方を練習したあと、自分たち同士で頼む練習をすると効果的です。

ピア・メディエーション 指導案 ❹

「納得のいく断り方」
〜「納得のいかない断り方」

時間	学習の流れ・先生の言葉かけ例	留意点
導入	**前時の復習** 前の授業では、「すてきな頼み方」を学びました どんなことを学んだか覚えていますか？	前時の復習をする
展開 10分	**断り方について学ぶ** 今日は「納得のいく断り方」を学びます 人の申し出を断るときのポイントを学びましょう ではビデオを見てみましょう 【指導用ビデオ４】０〜３分３９秒 　納得のいかない断り方 このビデオの「断り方」はどうでしたか？ 各班で感想を出し合いましょう 　「納得のいかない断り方」で押さえておきたい点 　・あやまっていない 　・断る理由を言っていない　など 【指導用ビデオ４】４分００秒〜７分１７秒 　納得のいく断り方とその説明 このビデオの「断り方」はどうでしたか？ 各班で感想を出し合いましょう 　「納得のいく断り方」で押さえておきたい点 　・相手にあやまっている 　・断る理由を説明している 　・別の提案をしている　　　　　など	【指導用ビデオ４】 納得のいく断り方 小集団で話し合い、意見を出し合う 子どもの意見を板書 小集団で話し合い、意見を出し合う 子どもの意見を板書
20分	**断り方を考えてみよう** 設定１　赤い絵の具を貸してほしいと頼まれたが、今は自分が使っているので、使い終わるまで少し待ってほしい。 設定２　家に帰ってから遊ぼうと誘われたが、今日は習い事があるので、明日にしてほしい。 設定３　職員室についてきてほしいと頼まれたが、宿題をやらなければいけない。次の休み時間についていくので待ってほしい。	【指導用シート５】を配付する 時間が余れば、設定４を子どもたちと考える
30分	**実際に断ってみましょう** では、ペアを組んで実際に頼んで、断ってみましょう それでは、何人かにやってもらいましょう	どういう設定にするかは、自分たちで考える
まとめ 40分	**まとめ、ふりかえり**	小集団で話し合い、意見を出し合う 感想を書く 感想は、学級通信等に掲載して共有する

を考えよう　実践例
「納得のいく断り方」〜

【ポイント】「断り方」について考える機会を持ち、良い断り方の例を紹介する。

納得のいかない断り方

①あやまらない
②断る理由を言わない

断らなければいけない理由をしっかりと言って、あやまることが大事ですね。

納得のいく断り方

①相手にあやまる
②断る理由を言う
③提案する

断らなければいけない理由をしっかり言い、次の提案をすることが重要ですね

納得のいく断り方

① ごめんなさい
② (　　　　　　　　　　　) からダメなんだ
③ そのかわり
　（　　　　　　　　　　　　　　　）
　　　　　　　っていうのはどうかな？

第1章　実践編　39

ピア・メディエーション指導用シート5

☆ 納得のいく断り方 ☆

年　組（　　　　　　　）

①
②
③

（設定例）消しゴムを貸してと言われたが、自分が使っているので待ってほしい。
① ごめんなさい　　　　② 今、僕が使ってるんだ
③ 使い終わったら貸すから、ちょっと待って

設定1　赤い絵の具を貸してほしいと頼まれたが、今は自分が使っているので、使い終わるまで少し待ってほしい。
①　　　　　　　　　　②
③

設定2　今日、家に帰ってから遊ぼうと誘われたが、今日は習い事があるので、明日にしてほしい。
①　　　　　　　　　　②
③

設定3　職員室についてきてほしいと頼まれたが、宿題をやらなければいけない。次の休み時間についていくので待ってほしい。
①　　　　　　　　　　②
③

設定4　〈自分で考えよう!!〉

①　　　　　　　　　　②
③

ピア・メディエーション 指導案❺

「AL'S（アルス）の法則」を学ぼう1
「『悪口を言った、言わない』でトラブル」を事例に

① 「AL'Sの法則」によるトラブル解決について

「AL'Sの法則」はカナダのブリティッシュ・コロンビア州キャンベルリバー第72学校区で開発されたトラブル解決の方法です。トラブルの仲裁をする人（以下メディエーター）が提示するルールや心構えをまとめています（Cole, T. 1999）。

具体的には、まず仲裁に入っていいか確認し、「相手の話を決してさえぎらない」などの話し合いのルールを確認します。ここでルールをしっかり伝えないと、うまく解決できません。メディエーターは、順番に事情を聞くことになりますが、できるだけ話し手に共感しながら聞くことを心がけます。そのうえで、「どうしたらいいかな」と自分たちで解決方法を考えていくことに努めます。決してメディエーターが解決方法を提示するわけではありません。

② 指導用ビデオ5　AL'Sの法則1

指導用ビデオ5には、女の子が男の子に「悪口言ったでしょ！」と詰め寄っているのを、メディエーターの男の子が「AL'Sの法則」を使って解決していく場面の一部始終を収録しています。ルールを確認してから、平等に両方の言い分を丁寧に聞いていく様子を見ると、メディエーターの心構えが理解できるようにつくってあります。

> 両方から平等に言い分を聞くのが大切！

③ 満足感の三角形

トラブル当事者が満足するためには、「平等に聞いてもらえた」「言い分が言えた」「すっきり解決した」の3つが重要です。また、「FELORモデル」を意識して、「すてきな聞き方」を心がけることが、トラブル当事者の満足につながります。

④ ＡＬ'Ｓの法則の解説と指導用シート６

　指導用ビデオ５の後半部分で、ＡＬ'Ｓの法則の解説をしています。子どもたちにしっかり聞かせたあと、指導用シート６を使って、詳しく説明すると理解が早いです。できあがったプリントを拡大して教室に掲示しておくと、効果的です。

> ＡＬ'Ｓの法則（アルス）
> Ａ（Agree アグリー）→ 同意する
> 　話し合のルールを守る
> 　　①正直に自分の気持ちを話す
> 　　②しっかりと相手の話を聞く
> 　　③相手の言葉を決してさえぎらない
> Ｌ（Listen リッスン）→ 聞く
> 　・相手の話をしっかり聞く
> Ｓ（Solve ソルブ）→ 解決する
> 　・お互い解決しようと努力する
> 　　　　　　　　（Cole,T. 1999）を一部改変

「ガンバロ〜！」

「ＡＬ'Ｓの法則は、掲示物にして、貼り出すと効果的ですよ」

ピア・メディエーション指導用シート 6

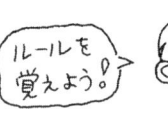

☆AL'S（アルス）の法則とは？☆

ルールを覚えよう！

年　組（　　　　　　　）

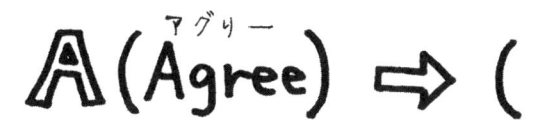

A (Agree) アグリー ⇒ (　　　　　　　　　　　)

話し合いのルールを守る

1. ＿＿＿＿＿＿＿＿＿＿＿＿＿＿＿＿＿＿＿＿＿＿＿＿
2. ＿＿＿＿＿＿＿＿＿＿＿＿＿＿＿＿＿＿＿＿＿＿＿＿
3. ＿＿＿＿＿＿＿＿＿＿＿＿＿＿＿＿＿＿＿＿＿＿＿＿

L (Listen) リッスン ⇒ (　　　　　　　　　　　)

4. ＿＿＿＿＿＿＿＿＿＿＿＿＿＿＿＿＿＿＿＿＿＿＿＿

S (Solve) ソルブ ⇒ (　　　　　　　　　　　)

5. ＿＿＿＿＿＿＿＿＿＿＿＿＿＿＿＿＿＿＿＿＿＿＿＿

満足感の三角形　トラブルを起こした本人たちが満足するためには

① ＿＿＿＿＿＿＿＿＿＿＿＿＿＿＿＿＿＿＿＿＿＿＿＿
② ＿＿＿＿＿＿＿＿＿＿＿＿＿＿＿＿＿＿＿＿＿＿＿＿
③ ＿＿＿＿＿＿＿＿＿＿＿＿＿＿＿＿＿＿＿＿＿＿＿＿

DVDの中に、ワードファイル・一太郎ファイル・手書きPDFファイルが入っています！

ピア・メディエーション 指導案 5

「AL'Sの法則」を
~「『悪口を言った、言わな

時間	学習の流れ・先生の言葉かけ例	留意点
導入	**前時の復習** 前の授業では、「納得のいく断り方」を学びました どんなことを学んだか覚えていますか？	前時の復習をする
展開 10分	**AL'Sの法則について学ぶ** （アルス） 今日は「AL'Sの法則」を学ぶことを通して、メディエーターがどのようにトラブルを解決するのかを身につけます 【指導用ビデオ5】0～11分42秒 「悪口を言った、言わない」をAL'Sの法則で解決 このビデオの「トラブル解決方法」はどうでしたか？ 各班で感想を出し合いましょう 　押さえておきたい点 　・ルールを最初に確認している 　・どちらの話もちゃんと聞いている 　・自分たちで解決するようにしていた　など	【指導用ビデオ5】 「AL'Sの法則」1 小集団で話し合い、意見を出し合う 子どもの意見を板書
20分	【指導用ビデオ5】11分43秒～14分00秒 　満足感の三角形 満足感の三角形について確認しましょう 満足感の三角形は、3つからできています 　①平等に聞いてもらえた 　②自分の言い分が言えた 　③すっきり解決した	必要に応じて、一時停止して、子どもたちと一緒に考える
30分	満足感の三角形について考えてみましょう 【指導用ビデオ5】14分01秒～16分45秒 　AL'Sの法則の解説 AL'Sの法則の詳しい解説です 指導用シートを一緒に完成させましょう	小集団で話し合い、意見を出し合う 子どもの意見を板書 【指導用シート6】を配付する
まとめ 40分	**まとめ、ふりかえり** ＊71～75ページに、この事例の詳しい解説（逐語記録）を載せています。	小集団で話し合い、意見を出し合う 感想を書く 感想は、学級通信等に掲載して共有する

学ぼう1　実践例
～『い』でトラブル」を事例に～

【ポイント】実際の事例を見ながら、「AL'Sの法則」を使ってトラブルを解決する方法を学ぶ。

班長の辻本さんが、班員の鴐田(かごた)君と、「悪口を言った、言わない」でもめています。松山君がメディエーターとして「AL'S」の法則を使って、トラブル解決をする場面です。
　AL'Sの法則についての説明をしながら話を進めます。

満足感の三角形とは
　もめている2人が満足するためには次の3つが必要です。
　①平等に聞いてもらえた
　②自分の言い分が言えた
　③すっきり解決した

AL'S(アルス)の法則

A (Agree) アグリー　→　同意する
　話し合のルールを守る
　　①正直に自分の気持ちを話す
　　②しっかりと相手の話を聞く
　　③相手の言葉を決してさえぎらない

L (Listen) リッスン　→　聞く
　・相手の話をしっかり聞く

S (Solve) ソルブ　→　解決する
　・お互い解決しようと努力する

ピア・メディエーション 指導案❻

「AL'Sの法則」を学ぼう2
「『そうじサボったでしょ!?』でトラブル」を事例に

① 指導用ビデオ6　AL'Sの法則2

男の子と女の子が「そうじをサボった」と言い合いをしています。それを他の男の子がメディエーターとして解決していきます。

両方の言葉をしっかり受け止め、繰り返しています。言い分を「〜ということですね」と繰り返すことが「しっかり聞いている」メッセージになり、その安心感がトラブル当事者の気持ちを和らげていきます。

② ピア・メディエーションを成功させるためのヒント

ピア・メディエーションの場面では、しっかり話し合いのルールを確認することが重要です。しかし実際は、ルールを守ることができないこともあります。相手が話しているのに、「でもね〜」と割り込もうとする場面もよくあります。

そのようなときに、頭ごなしにルール違反を責めたり、批判したりするのではなく、ルールに従って、冷静に対応することが重要です。

ビデオでは、辻本さんが駕田君が話をしている途中に黙っていられなくてさえぎって話し出そうとします。そのとき、「ごめんな、3つ目のルールあるから、守れる?」と優しく、穏やかに言っています。その後、ルールを思い出し、待とうとしている辻本さんに、「今の気持ち、覚えといてな」と言い、さらに「待ってくれてありがとう」とお礼を言っています。

このあたりの「相手を尊重する姿勢」が、ピア・メディエーションを行ううえで非常に重要なポイントです。

ピア・メディエーション 指導案❼

「AL'Sの法則」を学ぼう3
「『ぶつかられて色ぬりを失敗した！』でトラブル」を事例に

① 指導用ビデオ7　AL'Sの法則3

　女の子が男の子に「ぶつかられて色ぬり失敗した」と詰め寄っています。それを他の男の子がメディエーターとして解決します。

　メディエーターは、決して解決方法を提示しません。メディエーターが解決するのではなく、当人同士で解決するように仕向けていきます。メディエーターが、丁寧に2人の話を聞いていくのがポイントです。

指導用ビデオ8　AL'Sの法則（番外編）
「ボールの取り合い」と池島教授解説

　指導用ビデオ8は、今回の10時間の指導計画には入れていません。しかし、とてもわかりやすいものですので、付録のDVDには入れてあります。「ボールの取り合い」を事例に、ピア・メディエーションを行っています。

　ビデオの後半には、池島教授によるAL'Sの法則の詳しい解説が収録されています。これは、子どもたちに見せても効果的ですが、早い段階で、先生ご自身が見ることによって、ピア・メディエーションの理解が深まります。

第1章　実践編　47

ピア・メディエーション 指導案❻

「AL'Sの法則」を
～「『そうじサボったでしょ!?』」

時間	学習の流れ・先生の言葉かけ例	留意点
導入	**前時の復習** 前の授業では、「AL'Sの法則」を学びました どんなことを学んだか覚えていますか？	前時の復習をする
展開 10分	**AL'Sの法則について学ぶ** 今日は「AL'Sの法則」の2回目です 【指導用ビデオ6】0～10分31秒 「そうじサボったでしょ!?」をAL'Sの法則で解決 このビデオの「トラブル解決方法」はどうでしたか？ 各班で感想を出し合いましょう 　押さえておきたい点 　・ルールを最初に確認している 　・どちらの話もちゃんと聞いている 　・自分たちで解決するようにしていた　など	【指導用ビデオ6】 「AL'Sの法則」2 小集団で話し合い、意見を出し合う 子どもの意見を板書
20分	ビデオでは 辻本さんが一方的に「駕田君はそうじサボった！」、駕田君は「自分はやった」と平行線でしたが、だんだんと落ち着いていく。 ↓ 落ち着いてきて、駕田君は、自分の所をもう一度そうじするつもりになり、辻本さんも班長として、一緒にそうじをしようと言う。これからもがんばりたいと思うようになる。	必要ならビデオを一時停止しながら、子どもたちに説明すると効果的
30分	【指導用ビデオ6】10分32秒～17分18秒 　満足感の三角形 満足感の三角形について確認しましょう ビデオでは 松山君に、辻本さんと駕田君が気持ちをしっかり受け止めてもらえて満足し、そのことが解決につながったことがはっきりとわかります。	小集団で話し合い、意見を出し合う 子どもの意見を板書
まとめ 40分	**まとめ、ふりかえり**	小集団で話し合い、意見を出し合う 感想を書く 感想は、学級通信等に掲載して共有する

学ぼう2　実践例
〜「そうじでトラブル」を事例に〜

【ポイント】実際の事例を見ながら、「AL'Sの法則」を使ってトラブルを解決する方法を学ぶ。

辻本さんと駕田君が「そうじサボった」ともめています。それを松山君がメディエーターとして「AL'S」の法則を使って、トラブル解決をする場面です。
松山君は、2人の言葉をしっかり受け止め、繰り返し、丁寧に解決していきます。

駕田君が話しているとき、辻本さんが、途中で割り込んで話し出します。そのとき、松山君は、「ごめんな、3つ目のルールあるから、守れる？」と、優しく穏やかに聞きます。ルールを守った辻本さんに、「今の気持ち、覚えといてな」と言っています。
「さっきは待ってくれてありがとう」という、ねぎらいの言葉も効果的です。

「あっ、そうか。辻本さんは、〜だと思ってるんだね」「駕田君は、〜だと思ってるわけか、なるほど」
松山君が2人の言葉を丁寧に繰り返し、受け止めている様子は、とても参考になると思います。
「すてきな聞き方」をしっかりとしている様子がわかります。

松山君のピア・メディエーションは、AL'Sの法則をしっかり守っていたことを最後に確認しています。
今まで学習してきたこと、しっかり活用できていることを確認しましょう。

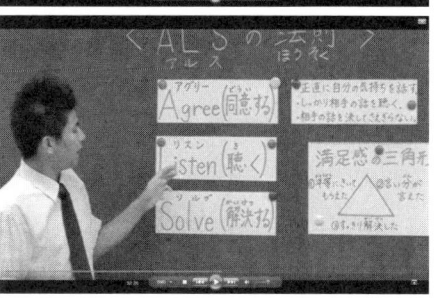

第1章　実践編　49

ピア・メディエーション 指導案 ❼

「AL'Sの法則」を
～「『ぶつかられて色ぬりを失敗

時間	学習の流れ・先生の言葉かけ例	留意点
導入	**前時の復習** これまでの授業では、「AL'Sの法則」を学びました どんなことを学んだか覚えていますか？	前時の復習をする
展開 10分	**AL'S（アルス）の法則について学ぶ** 今日は「AL'Sの法則」の3回目です 【指導用ビデオ7】 0～12分37秒 「ぶつかられて色ぬりを失敗した！」をAL'Sの法則で解決	【指導用ビデオ7】 「AL'Sの法則」3
15分	辻本さんは「押したのは悪かった」、駕田君は、「当たってしまったのは悪かった」と、お互い、自分にも悪いところがあるとわかってきます。 ↓ 松山君は、解決策を示さず、「どうしたらいいかな？」とあくまで2人に質問していきます。すると2人は、自分たちで解決方法を考えていきます。 このビデオの「トラブル解決方法」はどうでしたか？ 各班で感想を出し合いましょう 　押さえておきたい点 　・ルールを最初に確認している 　・どちらの話もちゃんと聞いている 　・自分たちで解決するようにしていた　など	必要ならビデオを一時停止しながら、解説を加える 小集団で話し合い、意見を出し合う 子どもの意見を板書
30分	【指導用ビデオ7】 12分38秒～19分39秒 　満足感の三角形 満足感の三角形について確認しましょう 　①平等に聞いてもらえた 　②自分の言い分が言えた 　③すっきり解決した 松山君のどういう言葉が良かったと思いますか	ルールに従って話し合いを進めている 「よく待ってくれたね」等のねぎらいの言葉
まとめ 40分	**まとめ、ふりかえり**	小集団で話し合い、意見を出し合う 感想を書く 感想は、学級通信等に掲載して共有する

学ぼう3　実践例
した！』でトラブル」を事例に〜

【ポイント】実際の事例を見ながら、「ＡＬ'Ｓの法則」を使ってトラブルを解決する方法を学ぶ。

辻本さんが「駕田君にぶつかられて色ぬりが失敗した」と怒っています。駕田君は「あやまったやろ！」と言うばかり……。松山君がメディエーターとして「ＡＬ'Ｓの法則」を使って、2人の気持ちをほぐしていきます。

ＡＬ'Ｓの法則を確認したあと、松山君は「どちらから話す？」と話す順番を聞いています。駕田君が先に話したいと手をあげたので、辻本さんにそれでいいか確認しています。
　そのうえで、駕田君が先に話していいと認めてくれた辻本さんに「ありがとう」とお礼を言っています。
　こういった一言が、2人の怒りをしずめ、解決に気持ちが向かっていきます。

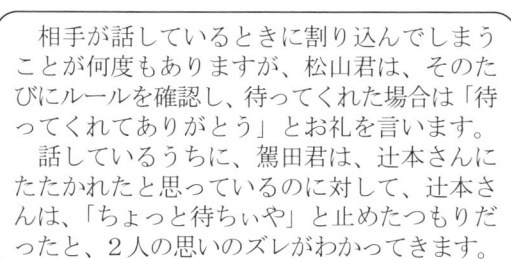

　相手が話しているときに割り込んでしまうことが何度もありますが、松山君は、そのたびにルールを確認し、待ってくれた場合は「待ってくれてありがとう」とお礼を言います。
　話しているうちに、駕田君は、辻本さんにたたかれたと思っているのに対して、辻本さんは、「ちょっと待ちぃや」と止めたつもりだったと、2人の思いのズレがわかってきます。

　メディエーターの松山君が、決して自分で解決しようとしていないことがポイントです。
　「どうしようかなぁ」と一緒に悩む姿勢を示すことが、2人を解決に向かわせていっています。

第1章　実践編　51

4. ピア・メディエーション活動実施期
実際に取り組みましょう！

1 いよいよピア・メディエーションに取り組みます

① クラスみんなでトラブルを考える雰囲気を

　必要な知識やスキルを学んだので、いよいよピア・メディエーションを実施していきます。ここで最も重要なことは、ただ単にトラブルを解決することが目標ではなく、クラスのみんなでトラブルについて考え、ともに成長しようとする雰囲気をつくることが目標だということです。トラブルが起きることは当たり前のことです。クラスで起こったトラブルについてみんなで考え、解決していくことによって、クラスに温かい空気が流れるようになります。

② 子どもに無理をさせない

　子どもたちに「無理して自分で止める必要はない」ことを十分に伝えることが大切です。自分でトラブルを解決するのが難しいときは、先生や友だちを呼びに行くだけでよく、それも立派なピア・メディエーションであることを伝える必要があります。
　無理をして止めに入った子どもがトラブルに巻き込まれたり、悲しい思いをしたりすることのないように最大限、配慮することが重要です。また、残念ながら、止めることも先生や友だちを呼びに行くことができないことがあっても、責任を感じる必要はないことも伝えておくと、子どもたちの安心感につながります。

2 ロールプレイで学ぶピア・メディエーション

① ロールプレイは効果的です

　実際のトラブル場面で急にピア・メディエーションを実行するのは難しいので、ロ

ールプレイ（役割演技）を行うと効果的です。おおまかな役割を与えて、ピア・メディエーションを実施していくとうまくいきます。

② ロールプレイの題材
　ロールプレイの題材は、実際に子どもたちが起こしそうなトラブル事例でなければなりません。そうでないと、子どもたちが演じることが難しいからです。そういう意味で次の2通りの題材が効果的でした。

> 「こんなときどうする？」（指導用シート2）の事例
> ・おにごっことドッジボール、どちらで遊ぶか、友だち2人がけんかしている。
> ・筆箱を落としたのに、「わざとじゃないから」と、友だち2人がけんかしている。
> ・休み時間の終わり、どちらがボールをかたづけるかで、友だち2人がけんかしている。
> ・「悪口を言った」「言ってない」で、友だち2人がけんかしている。
> ・帰ってから、どちらが〇〇君（さん）と遊ぶかで、友だち2人がけんかしている。

　「こんなときどうする？」の事例は、指導用シート1「トラブル発見シート」を実施した際の「子どもたちの声」を反映してつくっているので、子どもたちには身近な題材です。

> 「ちょっと待って！もめごとシート」（指導用シート7）でロールプレイ
> 　55ページの「ちょっと待って！もめごとシート」の事例を利用すると、臨場感あるロールプレイができます。

　実際にクラスで起こった事例でロールプレイすることになりますから、非常に緊迫感があります。実施にあたっては、もちろん当事者本人や保護者の了解を取ります。授業の終わりに、事例として扱った当事者2人に、「2人のトラブルのおかげで、みんなが学ぶことができました」とお礼の言葉を忘れないようにします。また、実際の当事者2人が当事者役で、解決していったプロセスをロールプレイすることも効果的です。

③ ロールプレイの方法
　おおまかな役割を決めて、アドリブでロールプレイを行うのがいいでしょう。細か

い設定は、あえてしないほうがより臨場感のあるロールプレイになります。

　当事者役は、基本的には立候補で行います。ただし、取り組みの当初は、必要に応じて隣のクラスの先生に協力してもらうなどして、大人が当事者役を行うほうがいい場合が多いでしょう。

③ トラブルを発見したら

① 指導用シート7「ちょっと待って！ もめごとシート」

　トラブル場面に出くわした子どもは、そのことを指導用シート7に記入します。先生に提出し、解決できていない場合は、先生が相談にのります。また、当事者の了解が取れた場合は、全体の前で「公開ピア・メディエーション」が実施されます。その場合、何人かが交代で、メディエーターになり、クラス全員でメディエーションの方法について考えます。もめている2人がどうしても納得せず、沈黙が長く続くことも実際はあります。見ている子どもたちも、どうしたらいいかを真剣に考える、とてもすてきな時間が流れていました。

② まずは先生がメディエーターに！

　取り組み当初は、クラスでトラブルがあった場合、先生が全体の前でメディエーションすると効果的です。生の場面でのメディエーションですから、非常に効果的です。
　先生自身がメディエーターになり、十分に子どもの言い分を聞くことを身をもって示すと、ピア・メディエーションのための素地がクラスに広がります。

③ 指導用シート8「ピア・メディエーション　チャレンジ!! シート」

　小学生での取り組みの場合、指導用シート7「ちょっと待って！ もめごとシート」を提出した子どもには、かわいいシールを渡しました。子どもたちはそれを指導用シート8に貼り付けていました。シールの枚数に応じて、「ピア・メディエーター初級」「ピア・メディエーター中級」「ピア・メディエーター上級」などの表彰状を作成して盛り上がったクラスもあります。ただ、そのことを理由に子どもたちが無理することのないように配慮することも必要です。

ピア・メディエーション指導用シート 7

☆ちょっと待って！もめごとシート☆

年　組（　　　　　　）

トラブルを見たり聞いたりしたとき、このシートに記入して先生に提出してください。

1. どんなトラブルでしたか？

2. そのとき、あなたはどうしましたか？　〔あてはまる数字に〇をつけよう！〕
  1. 声をかけた（「どうしたの？」「大丈夫？」など）
  2. 話し合いのルールを確認した
  3. 2人の言い分を聞いた

3. メディエーションできましたか？　〔あてはまる数字に〇をつけよう！〕
  1. できた
  2. 先生や友だちなどを呼びに行った
  3. できなかった
  4. その他（　　　　　　　　　　　　　　　　　　）

4. 思ったことは？

第1章　実践編　55

DVD DVDの中に、ワードファイル・一太郎ファイル・手書きPDFファイルが入っています！

ピア・メディエーション指導用シート8

☆ピア・メディエーション チャレンジ!!シート☆

Let's Challenge

年　組（　　　　　　）

ピア・メディエーションにチャレンジしたときに書いて先生に提出しましょう！

番号	日付	どんなこと？	番号	日付	どんなこと？
例	4月8日月曜	〇〇くんと△△さんが、ボールをどちらが片づけるかでけんか。「大丈夫?」と声をかけた。	5 半分だよ。	月　日　曜	
1 スタート	月　日　曜		6	月　日　曜	
2	月　日　曜		7 あと少し	月　日　曜	
3	月　日　曜		8	月　日　曜	
4	月　日　曜		9 ゴール!	月　日　曜	

❀ 無理しないようにしましょう。メディエーションがむずかしければ、「声をかける」「先生を呼びに行く」でも大丈夫です。

5. ふりかえり
子どもたちの変化を知ろう！

1 子どもたちの変化を知ろう！

① より正確に変化を知るために

子どもたちが取り組みによって、どう変化したのか。また変化しなかったのか。正確に把握する必要があります。もちろん、先生が日々感じる感覚が最も大切ですが、アンケートのデータから客観的に読み取ることも有効です。

そこで、取り組み前に実施した「こんなときどうする？」（指導用シート2）と同じアンケートを取り組み後に実施することによって、子どもたちのトラブルに遭遇したときの意識の変化を知ることをおすすめします。

② アンケート「こんなときどうする？」結果より

今回、授業に取り組んだ先生たちは、「クラスの子どもたちは、授業を通して大きく変化した」と報告しています。そのことは、アンケートからもよくわかります。ピア・メディエーションの授業の成果は、次ページのグラフに明らかです。

授業をした8クラス（小学3年1クラス36名、小学4年3クラス98名、中学3年4クラス112名）でのアンケート結果ですが、トラブルを発見したときに「間に入って止める」と答える子どもの割合が大幅に増えています（「殴り合い」以外、1％水準で有意差あり）。取り組みの結果、トラブルを見たとき、「止めよう」と思う子どもが増えたことがわかります。

③ 「殴り合い」を止めないことは……！

しかし、「殴り合い」については、止める割合が微増で有意差が出ていません。残念な結果だと反省しましたが、よく考えてみると、ピア・メディエーションの取り組みの主眼は、話し合いで解決する方法を学ぶことで、「殴り合い」を止めることではあり

ません。ですから、「殴り合い」を止めるという子どもの割合が増えなかったことは、かえって今回の取り組みの有用性を証明したことになるかもしれないと考えています。

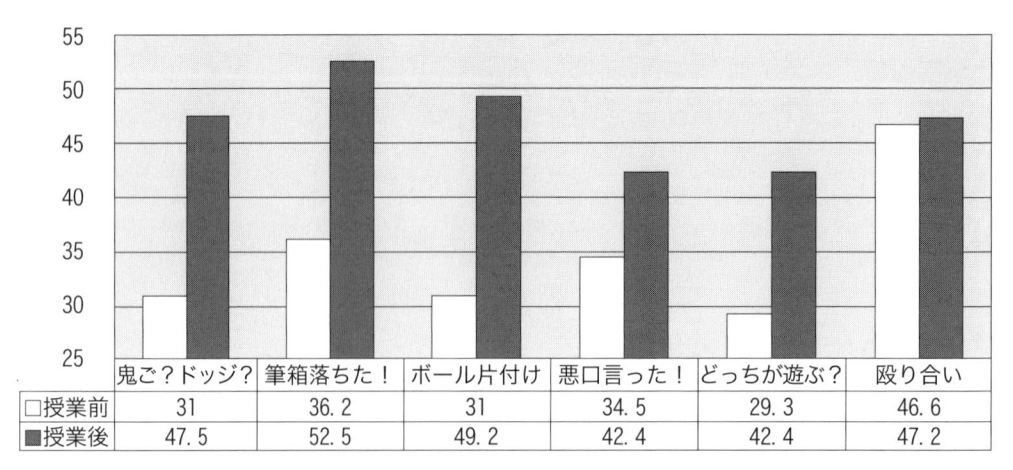

「間に入って止める」と答えた割合（％）

	鬼ご？ドッジ？	筆箱落ちた！	ボール片付け	悪口言った！	どっちが遊ぶ？	殴り合い
□授業前	31	36.2	31	34.5	29.3	46.6
■授業後	47.5	52.5	49.2	42.4	42.4	47.2

2 子どもたちの感想

　子どもたちの感想から、子どもたちがピア・メディエーションにしっかり向き合い、自分の取り組みとして考えているのがよくわかります。一部を紹介します。

　　ピア・メディエーションをやっています
　小３男子　妹と妹の友だちがけんかしていて、ちゃんと解決できた。
　小４女子　けんかしても、仲直りできるクラスになってきてうれしいです。男子がけんかしても、誰かが間に入って仲直りをさせようとしていて、だんだん５年生になってきてると思います！
　中３男子　意外と簡単かもしれないな、と思います。やってます！

　　ピア・メディエーションに取り組んでよかった
　小４男子　けんかがあっても止める人が増えました。よかったです。
　中３女子　絶対に必要なことなのに、今まで触れられず遠のいてきてたので、学べてよかったです。仲裁に入るのは、難しいけどやってみます。
　中３女子　今までだったら、友だちのけんかは、流すようにまとめていたけど、ビデオを見て、理由を聞く大切さがわかった。

> **ピア・メディエーションは難しい**
> 小4女子　はじめは自信がなくてできないと思っていたけど、このビデオを見て、少しやりたいなと思い、「声かけ」ができるようになりました。でも、少し前の授業でのサポーターさんたちを見て、もっとがんばろうと思いました。で、今の目標は「同意する」から入ることです。
> 小5男子　僕は、前までけんかを止めに入るとき、頭が真っ白になることがありました。ピア・メディエーションを学んで、自分の止め方のどこが悪いかわかりました。僕は、もっとしっかりやれるようになりたいです。

　子どもたちのほとんど（93.2％）は、ピア・メディエーションの取り組みを「とてもよかった」「よかった」と感じています。しかし、その中でも、上の小5男子の感想のように、「ピア・メディエーションは難しい」と感じている子どもが多数いることも事実です。

　トラブルを解決することは、大人である教師でも難しいものです。子どもには、なおさらです。クラスの中に、穏やかで安心できる雰囲気をつくり、誰でもピア・メディエーションができるような安心感を子どもたちに与えることは、私たち教育に携わる者の使命なのかもしれません。

③ 取り組みを進めていくと

① ピア・メディエーションできない！？

　今回は、初めて担任を持った先生のクラスで取り組みを進めていきましたが、ピア・メディエーションがクラスに浸透していくと、クラスがどんどん落ち着いていきました。

　初めての担任ですから、当初は様々なトラブルが起こり、メディエーションを実施する場面には事欠かなかったのですが、ピア・メディエーションの取り組みを終えた1か月くらいあと、取り組んだ先生が「子どもたちがピア・メディエーションができなくて嘆いている」と話していました。取り組みが失敗だったのかと、残念な気持ちで聞くと想像と正反対の答えでした。

② トラブルが激減しました

　「トラブルが大きすぎたり、トラブルの数が多すぎて、ピア・メディエーションができない」というのではなく、「トラブル自体がなくなってしまい、ピア・メディエーシ

ョンをする機会がなくなった」というのです。「ピア・メディエーションの授業を終えたあたりから、クラスでトラブルが起こらなくなり、せっかくピア・メディエーションを学んだのに、使う場面がなくて、子どもたちが困っている」というのです。

　1つの学級だけではなく、取り組んだすべてのクラスで同様のことが起こっていました。いろいろな理由が考えられますが、小さなトラブルの間に、簡単に解決してしまい、大きなトラブルに発展しなくなったのかもしれません。

　また、ピア・メディエーションを学ぶ一連の過程で、トラブルや怒りについて学び、自分の怒りや相手の気持ちを理解することができ、トラブルが起こりかけても、自分で解決する力がついた結果と言えるかもしれません。「クラスにトラブルがなくなり、子どもたちが安心して生活できるようになった」と取り組んだ先生全員が話しています。

③ 自分が自分のメディエーター!?

　取り組んだ先生たちが、クラスでトラブルが激減した理由を次のように話していたのが印象に残っています。「怒りについて学んだり、トラブルの解決方法について考えたりする中で、自分で自分のメディエーターになることができるようになったんじゃないかな」「そういえば、派手にけんかしてた2人が急にハッとして、深呼吸しだしたのには、不謹慎だけど、笑ってしまった」。

4 ピア・メディエーションの大きな可能性

　ピア・メディエーションやピア・サポートが日本中に広がれば、教育問題のうち、かなりのものが解決できると確信しています。例えば、中1ギャップを例に見てみます。

　小学校時代、ずっとそばにいて「レスキュー」してくれていた担任の先生は、中学校に入るといつもそばにいてくれるとは限りません。中1で、不登校やいじめなどの問題が多発するゆえんです。しかし先生はいませんが、仲間や友だちはいます。仲間同士でトラブルを解消できる力を、子どもたち自身が身につけていたら、事態は大きく好転するはずです。

　私（竹内）がかかわったある中学校では、学校をあげてピア・サポートを実施しました。多数の不登校生を抱えるなど、課題の多い学校でしたが、先生方と生徒たちが一致協力して、生徒会を中心にしたピア・サポート活動に取り組みました。すると、学校は、みるみる活気づき、取り組みを始めて6年後には、とうとう不登校生が0人になりました。私見ですが、直接的な不登校対策が功を奏したのではないと考えてい

ます。「学校に行きたくない」生徒が減ったのでもなく、「学校に行きたい」と感じる生徒が増えた成果だととらえています。

　「学校に行きたくない」と感じる子どもを無理に学校に連れてくるのは、非常に骨が折れるし、子どもも教師も疲れ果ててしまいます。そうではなく、「学校に行きたい」と子どもたちが思うような、楽しい、居心地のいい場所に学校をつくりかえていく努力を、私たち教育に携わる者はしていく必要があると思います。
　そのために、教師はそういう「学校に行きたい」と子どもたちが思うようなクラス、学校をつくっていかなければなりません。教師は、そのためのプロデューサーだと思っています。今回、若い先生たちと一緒に、ピア・メディエーションの授業に取り組みましたが、最も印象に残ったのは彼らの成長です。
　ピア・メディエーションの授業を実施するにあたり、若い先生たちが知恵を出し合い、工夫し、指導について考えることを通して、教師としてどんどん成長していきました。指導用ビデオ、指導用シート、指導案を一緒に考え、作成しました。彼ら一人一人がプロデューサーとして、授業に取り組んでいきました。別々の学校の先生方の取り組みですが、こういう取り組みが各学校の職員室で普通に展開されていくことを切に願っています。
　これからの日本の教育にピア・サポートが果たすことができる可能性の大きさを感じています。

第2章 理論・解説編

ピア・メディエーションの解説に入る前に、メディエーションについて説明します。

1 対人関係上のトラブルを解決する3つの方法

対人関係上のトラブルの解決方法には、「暴力による解決」「法律による解決」「話し合いによる解決」の3つがあります。

「暴力による解決」は、合法的な方法ではなく勝者と敗者を生み、恨みがしこりとなって残る場合が多く、国家間の戦争などが代表的なものです。「法律による解決」は、話し合いによる解決が決裂したあとで用いられることが多く、当事者間の関係が険悪となり、裁判所などの第三者機関に持ち込んで解決を図ろうとします。この方法はかなりの時間と資金が必要で、場合によっては感情的なしこりを残しかねません。一方「話し合いによる解決」は、当事者双方の言い分を出し合う場をつくって、両者の合意点を見出そうとするもので、合意形成の手続きが比較的容易な順から、ネゴシエーション（交渉）、メディエーション（調停）、アービトレーション（裁定）の3つに分けられます。以下に話し合いによる3つの解決方法について説明します。

2 話し合いによる3つの解決方法

① ネゴシエーション（Negotiation：交渉）

もめている当事者が、直接、当事者間の話し合いで解決を図ろうとするものです。この方法の利点は、形式ばらずに自発的に話し合いを進めていくところにあります。しかし、話し合いのプロセスの中に第三者的な存在（調停者や裁定者）がいないために、いわゆる押しの強い当事者に押し切られる危険性があります。

② メディエーション（Mediation：調停）

何らかの問題で対立関係にある当事者間に、第三者（メディエーター：調停者）が入って、話し合いで解決できるように援助する方法を言います。メディエーターは、双方が言い分を十分に話せるよう援助的態度を持つ中立者で、自ら審判を下しません。あくまでも当事者が解決の提案をし、合意形成に至るよう導きます。うまくいか

なかった場合、何度も話し合うことができるオプションの機会が準備されていることを伝えます。解決したあとも、良好な関係をつくることが目指されます。

③ アービトレーション（Arbitration：裁定）

メディエーションとは異なり、第三者に裁定を依頼して解決する方法です。裁定は、弁護士に依頼されることが多く、当事者は決定に従わなければなりません。裁定で決まったことは法的強制力が発生します。なお、他に和解（Concililation）という用語がありますが、もめている当事者間で折り合いをつけて合意することを意味し、交渉の理想とされ、最終の結果を示す概念としてよく使用されます。

図1に、コーエン（Cohen,R. 1995）による3つの解決方法の形態の違いを示します。

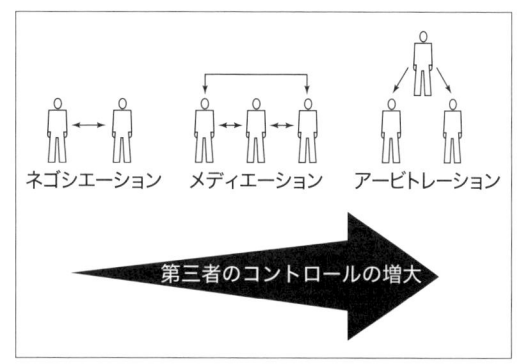

参考：Cohen,R.（1995）
図1　アービトレーションへの進展

3 メディエーションの最終ゴール

レビン小林（1998）は、メディエーションが目指す最終のゴールは、争いのない理想社会の形成であると述べ、メディエーションの要素を次の3つにまとめています。

第1の要素は、争い（もめごと）を忌み嫌わないことです。これは、対立とは私たちの個性、ものの見方、立場の違いから生じるもので、それを受け入れ、どうしたら共存できるかを探ることです。第2の要素は、トラブルを災いや不幸の原因と見ることをやめ、人生を改善する貴重なきっかけであると考えることです。つまりメディエーションを通じて自己解決能力を高める機会とするのです。第3の要素は、当事者同士が話し合う前に「お互いに相手を非難しない」というルールを確認してから始めることです。

4 ピア・メディエーションとは

① ピア・メディエーションの起源

コーエン（Cohen,R. 1995）によると、メディエーションのルーツは、教育分野以外にあります。1970年代、当時のアメリカ大統領であったカーター政権の政策によって、

地域訴訟手続きセンター（Neighborhood Justice Center）が創設され、そこでまずメディエーションが普及しました。その後、地域におけるメディエーションプログラムが普及し、今日に至っています。裁判に至る前に、中立的な立場にある第三者によってメディエーションが行われるようになりました。このように、メディエーションは司法の世界から開発されてきました。

　教育の分野で「ピア・メディエーション」が注目されるようになったのは、1980年代初頭からです。ビジネスモデルを応用して教育モデルへとシフトする動きが見られ、多くのメディエーションプログラムが開発され、学校現場に導入されるようになりました。特に、アメリカやカナダの学校で盛んに行われるようになりました。イギリスでは、1990年代にいじめ問題が起こり、友だちが相談相手になっていじめ問題の解決への手助けを行う活動（当時、ピア・カウンセリングと呼ばれていました）として学校に導入されたことに始まります。

　このようにピア・メディエーションは、子どもが子どもをサポートするピア・サポート活動の一環として行われています。もともとピア・サポートは、思いやりのある学校をつくっていくのに、子どもたちが持っている人を思いやる気持ち（援助資源と言います）を有効に活用する活動です。カー（Carr,R. 1980）が指摘する「困ったときに友人に相談することが多い」という、全世界の子どもたちの発達上の特質を生かした活動です。従来からわが国で行われていた学校教育の様々な活動（児童・生徒会活動、委員会活動、係活動、奉仕活動など）に生かしていくことができるものです。

　その導入の背景には、「子どもの世界で起こる問題は、可能な限り子ども同士で解決する力を身につけさせることが、将来にわたってよき市民となっていくのに必要である」という考え方に基づいています。教師が子どものすべての問題にかかわって対応していくことは到底不可能です。子どもたちが自分たちで問題解決できる力を、発達段階的に身につけさせていくことは教育上とても大切なことです。

　特に、わが国のいじめ問題に目を転じてみると、森田（2007）が指摘したように、わが国の子どもたちは、欧米の子どもたちと比較して、いじめに対して傍観者となる子どもの割合が学年が上がるとともに増加し、いじめの自浄作用が極めて乏しいことが明らかとなっています。これからのわが国の社会のあり方を問う由々しき問題です。早急に、子どもたちが学校（学級）の一員としての自覚を深め、身近な問題に対処できる力を身につけられるよう、具体的に支援・指導していく必要があります。そのためには、まず、教師がもめごと解決の仕方を獲得する必要があります。子どもへの思いやりある態度をもって、子どもへの良質なコミュニケーションの仕方を教師が示し、問題解決のモデルを示すことは、温かな学校風土の形成にとってとても有効です。まさに、打って出るプロアクティブ（前向き）な生徒指導と言えます。

子どもたちが「他人のために役に立っている」という実感を持つことは、子どもたちの自尊感情を高め、学力の向上にもつながっていきます。また、特定の子どもだけではなく、学級全体の子どもたちに対してメディエーション・スキルやコミュニケーション・スキルを導入し、トレーニングしていくことが大切です。ガルプ（Gurp,H. 2002）も、「ピア・メディエーションプログラムは、学校全体で、また対立問題に対応する事前のアプローチとしても最も効果的である」と述べています。注目すべき点は、学校を構成している子どもたちが、自分たちで問題解決を図ろうとエンパワーしていくところにあります。これが、教育的におおいに期待できるところです。

② もめごと（対立）問題に対する従来からの考え方

　現在、わが国におけるピア・メディエーション実践の日は浅く、教育界においては特にそうです。その大きな理由の1つに、わが国ではもめごと（対立）問題に対する考え方が非常にネガティブである点があげられます。もめごとが起こることに非常に否定的な考え方を持っています。「もめごと（対立）が起こるのは自然なことである」という、前向きな考え方が育っていないことがあげられます。

　例えば、日本の教育現場では「自分の受け持つ学級で問題が起こることは、由々しき問題である」という考え方（ビリーフ）が強く支配しています。そして、早急な対応の結果、教師が問題の決着をつけて裁定を下すというスタイルに陥りがちです。これでは、先に説明した、アービトレーション（裁定）に近い対応です。それでは、偉い人（権威者）がそうでない人を裁くというパターナリズム（家父長的態度）の考え方に陥りやすくなると言えます。子どもの側から見ると、自分の言い分を十分に聞いてもらえていないという不満を残し、子ども同士の対立問題が教師への反発となって、子ども対教師という構図にすり替わることも少なくありません。

　従来にはない、民主的な話し合いによる「第三の道」を探り、子ども自身が問題解決の担い手になって解決できる力を養い、集団や社会の一員として責務の念を育てることは極めて大切です。そのためには、よき市民として子どもたちをエンパワーしていくことが何よりも必要です。

　クライドラー（Kreidler,W.J. 1990）も、人との関係性の中で生じる対立問題をクリエイティブにとらえて、解決にあたっていくことの重要性を次のように述べています。「クリエイティブな対立解消法というのは、教室や学校内で起こる対立を除去しようとするものではない。それは不可能であり望ましいことではない。むしろ、どうしても起きてしまう対立問題に効果的にかつ建設的に対応できるように援助することが必要なのです」。対立が生じるのは自然なことであり、しかも起こった問題を否定的に一元的に見るのではなく、その問題の解決を通して一回りも二回りも共に大きく成長

していこうとする姿勢で臨むのです。「対立が起こることは自然なこと」という理解は、問題をクールダウンさせ、問題への対応を冷静にかつクリエイティブにさせる働きがあります。

　かつて、精神医学者のエレンベルガー（Ellenberger,H.F. 1970）は、フロイト、ユング、アドラーの偉大な三大精神分析家の人となりを分析して、3人いずれにも「創造の病（Creative Illness）」と呼べる時期があったことを見出しています。まさに、落ち込んだかに見える危機的な時期こそ、次への発展、創造への大きなチャンスであるという考え方に通じます。このような考え方に立つことによって、対立問題の解決プロセスが実は新たな人間関係の創造性につながっていくと言えるのです。

③ 教師がメディエーションの考え方や介入スキルを獲得しておく

　子ども同士のちょっとしたもめごとやけんかは、学校生活では日常的に起こっています。しかも、多忙な教師にとっては、これらの問題の解決には時間が取られることが多く、悩みの種となっています。教師が対応しうるスキルを持っておらず、一方的な説教で終わってしまっていることも少なくありません。現在、教師が持っているスキルの大部分は、「説教」「説諭」が中心になっているといっても言い過ぎではないでしょう。

　当事者の「言い分」を十分に聞かずに（多忙なため聞けずに）、すぐに善悪の判断を下したり、あるいは相互の言い分を十分に聞かずにけんか両成敗的に指導してしまったりしがちです。すると、子どもの不満は、当事者である相手に向かわずに、問題の対応にあたった教師に向かい、問題がすり替わってしまいます。これでは、新たな問題を発生させてしまうと言ってもよいでしょう。最終的には、「教師対保護者」の問題に発展し、禍根を残すといった状況が多く見受けられます。

　このような状況を打破するためには、まずは、子どもたちの社会性の育成に大きな影響力を持っている教師が、いじめなどのもめごと（対立）問題に対する考え方や介入スキルを獲得しておくことが最も必要です。コール（Cole,T. 1999）も指摘したように、傾聴スキルの習熟が不可欠です。例えばＦＥＬＯＲ（フェロー）モデル（31ページ参照）を知っているだけでも、相当な聞き上手になります。メディエーションは良質なコミュニケーションの獲得が基本です。子どもにメディエーションを教える際には、子どもとのリレーションの取り方がかなり重要な位置を占めてきます。

④ ウィン・ウィン法（Win-Win Solution）によるコンフリクト解決ストラテジー

　図2は、当事者間のもめごと解決の帰結を図式化した「コンフリクト解決ストラテジー」です。対立している両当事者のそれぞれを、勝者（Win）、敗者（Lose）とする

と、4つのパターン（Win-Win、Win-Lose、Lose-Win、Lose-Lose）ができます。図の中央に示した「妥協」点も入れると5つの解決パターンが構成できます。これらのパターンは、「自分への配慮・関心」と「相手への配慮・関心」の相乗作用によって決まります。

メディエーションでは、話し合いによる解決によって、当事者双方が知恵を出し合って解決していく、協調志向の解決（Win-Win）が理想です。相手への配慮に乏しく自分の考えを押し通そうとする競合的な志向ではなかなか解決しません。

では、双方が納得した解決をするためには、メディエーターはどのような役割が必要なのでしょうか。教師がメディエーターとなった場合を想定して以下に説明します。

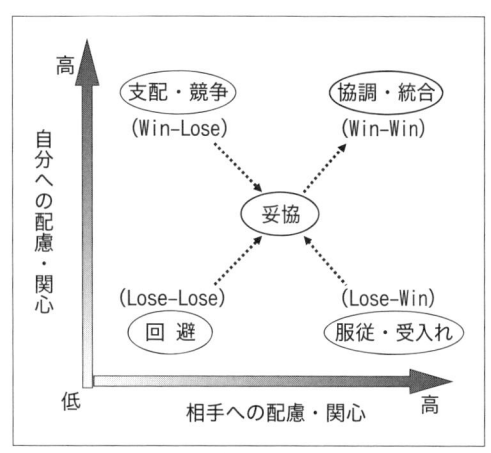

参考：鈴木（2004）、水野（2004）

図2　コンフリクト解決ストラテジー

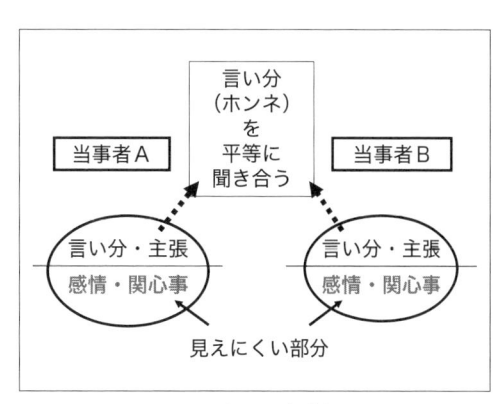

⑤ メディエーターの役割

まず、メディエーターは、もめごと（対立）問題に対処する考え方を持っておく必要があります。この考え方の根本は、「対立が生じるのは自然なこと」であり、対立は対立として存在し、対立を解消するときには勝ち負けは存在しないのです。ですから、相手を裁くという考え方で接するのではなく、対立している2人に対して、和解策を見出すのを手助けしようとする姿勢でかかわることが重要です。

その手助けとは、助言をしたり、どうすべきかを教えたりといった態度（レスキュー）で臨むのではなく、争っている両者の言い分をきちんと聞き及んで、当事者双方が解決策を出し合うように援助する態度（サポート）で、互いに損のないような解決策（Win-Win Solution）が見出せるように援助していきます。

解決するのはあくまでも当事者で、両者の言い分をしっかり聞き、冷静に解決に向かうように援助していく姿勢が必要です。以上を図示したのが図3です。

図3　メディエーターの役割

⑥ 対話促進による両者の「違い」の理解

争いの根源は、基本的要求（human needs）が満たされないか阻害されたときに起こります。水野（2004）は、マスロー（Msalow,A.H.）の欲求階層説から、対人関係の争いごとは、所属の欲求、安全・自由の阻害、自己尊厳や能力の阻害、自分の存在の阻害によって生じるとしました。ほとんどの争いごとは、自分の立場を守るために発生することが多いのです。

対立している当事者AとBが争っている事柄は、実は両者それぞれが持っている関心や利害、価値観、必要性、世界観の違いなどから争っていることがしばしばです（図4）。

両者が対話を重ねることで、それぞれの関心や利害、価値観、必要性、世界観などの違いを、双方がお互いに理解できると解決に近づきやすくなります。そのためメディエーターは、自分の価値判断をちょっと横に置いて（判断保留：エポケーと言います）かかわることがポイントです。

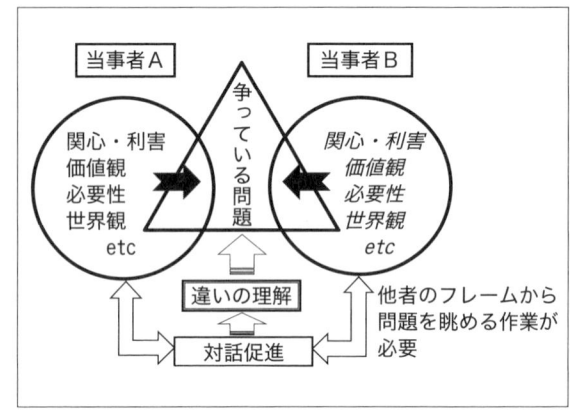

図4　対話促進による「違い」の理解

⑦ メディエーションのプロセス

メディエーションに関するプロセスモデルには、Richard, Nelson-Jones（1990）の5段階（CUDSA）モデル、Girard & Koch（1996）の6段階モデル、Cole,T.（1999）の3段階モデル "Al's Formula"、Northern Virginia Mediation Service（1985）の5段階モデル（水野, 2004）などがあります。それぞれのプロセスを見てみると、基本的な流れは同じです。すべてに共通しているのは、話し合いの合意を得る段階です。Richard,Nelson-Jones（1990）の5段階モデルでは、第1段階「争いを直視する（Confront）」と提示されていますが、この段階での中心課題は「協力を開始すること」であり、合意段階に相当します。筆者は、以上示したモデルのうち、小学生にもわかりやすいプロセスモデルとして、Cole,T.（1999）の3段階モデル "Al's Formula" を本書で取り上げることとしました。その3段階とは、合意（Agree）、傾聴（Listen）、解決（Solve）の3段階です。

このモデルは実に簡潔で、頭字語で「アルス（AL'S)」と覚えやすく、しかも、それぞれの段階で何をしなければいけないかの特徴を明快に表現しています（なお、本書では、"Al's Formula" を子どもたちに親しみやすくするために、「AL'Ｓの法則」と

提示しました)。カナダのブリティッシュ・コロンビア州キャンベルリバー第72学校区で開発されたもので、筆者(池島)自身、2004年に同州の小学校を訪問したとき、その有効性を確認しています。偶然、上級生(日本でいう中学校１年生)と下級生とのトラブル(上級生にぶつかられ、頭をコンクリート壁に打ち付けられけんかとなった)が発生し、そのときにピア・サポーター２人がメディエーターとなって、当事者の問題を見事に解決した場面に遭遇しています。解決は、わずか５分でした。

以下、Cole,T. (1999) "Al's Formula for Peer Mediation" の３段階の詳細を示します。

表１ "Al's Formula for Peer Mediation"　　(Cole,T. 1999)

Ⅰ．Agree(合意)
　(1) 問題を解決するために努力することに合意しますか。
　(2) 次の「話し合いのルール」を守ることに合意しますか。
　　　①人の話に割り込まない。
　　　②悪口を言ったり、いやな顔をしたりしない。
　　　③本当のことを話す。
　　　④解決できなかったら、誰か大人に助けを求める。
　＜意見の不一致が生じたら、話し合いを中止し、このルールに立ち戻る＞

Ⅱ．Listen(傾聴)
　(1) 順番に互いの意見に耳を傾ける。
　(2) 自分が話し始める前に、相手が言ったことを相手に伝える。
　(3) ルールを忘れない。
　＜意見の不一致が生じたら、話をやめこのルールに立ち戻る＞

Ⅲ．Solve(解決)
　(1) 可能な解決策について話し合う。
　(2) そのうちの１つを選ぶ。
　(3) 解決策に合意するか確認する。
　＜意見の不一致が生じたら、話をやめこのルールに立ち戻る＞

なお、本書では話し合いのルール(Ⅰ(2)①～④)を、日本の子どもの実態に合うように、①正直に自分の気持ちを話す、②しっかりと相手の話を聞く、③相手の言葉を決してさえぎらない、の３つのルールに改変しました。「悪口を言ったり、いやな顔をしたりしない」については、時として自然な表情は伴うものであり、これを規制し注意することは、真の感情表出を抑制してしまうと考えたため導入していません。

また「解決できなかったら、誰か大人に助けを求める」については、ピア・メディエーション学習の初期段階であり、傾聴スキルの基本技法の獲得を目指したため、導入していません。今後、スキルの上達等に応じて、導入していくとよいでしょう。

⑧ メディエーションにおける満足感と利点

メディエーションがうまくいったときには、次の3つの満足感が得られます。

1. 平等に聞いてもらえた
2. 自分の言い分が言えた
3. すっきり解決した　（参考：水野, 2004）

逆に言えば、メディエーションプロセスにおいては、上記3つが満足されるように進めていく必要があるということです。

ところで、トラブルの当事者となる子どもたちは、どちらかと言えばトラブルメーカーであることが多いようです。そのような傾向性を持つ当事者が、メディエーションにおいて、話し合いのルールに合意し（Agree）、話す順番を守って自分の言い分を語り、また相手の言い分に耳を傾けて聞き（Listen）、解決策を出し合って解決に向かう（Solve）ことができたら、メディエーターはおおいにコンプリメント（賞賛）してあげるといいでしょう。例えば「言いたい気持ちをがまんして、ルールを守ってよく待ってくれていたね。えらかったよ。さあ次はきみの番だよ」などの相手へのねぎらいです。話し合いのルールを守って話し合うことができたという経験は、大きな喜びとなって自己存在感が増すに違いありません。

このように、民主的な話し合いのルールに基づいて、自分の言いたかったことを伝え、聞いてもらったという満足感は、素直に自分の心と向き合う原動力となります。この機会はよりよい成長発達への契機となるでしょう。また公正な解決プロセスは、「いつも俺ばっかり叱られる」と思い込んでいる子どもにとって、何ものにも代え難い喜びです。言い分を素直に聞いてもらえるのですから、彼の成長に大きな影響を与えるでしょう。

⑨ メディエーションによる解決の3つのポイント

メディエーションよる解決を整理すると、次の3つがポイントとなります。

1つ目は、「ねぎらい」の気持ちで聞くことです。メディエーションを支えるのは人間尊重の精神です。威圧的なかかわりは、当事者に不安や闘争心を抱かせます。思っていることや願いなど、語る一言ひとことに敬意を払って聞く。尊重的態度が必須です。例えば「言いにくいことをよく言ってくれたね」などです。まさに、ねぎらい（労い）、いたわり（労り）の態度です。

2つ目は、「繰り返し技法」を多用して聞くことです。これは、表明した感情や内容の受け止めとその確認に必要です。繰り返し技法はシンプルですが、しっかり聞いていないと、ついこちら側の考え方を押しつけることになります。繰り返してもらうだけで、問題解決に近づき始めるのです。まさに、解決に導く「魔法の言葉」と言って

いいでしょう。

3つ目は、「判断保留（エポケー）」です。単純に善悪の判断で決めつけるのではなく、判断を保留して当事者の発言に耳を傾けます。

さらに、以上のメディエーターの態度に支えられて、以下の3つを明らかにしていきます。もめている「事実（内容）」は何か。そのときどのような「感情（気持ち）」を抱いていたのか。双方の「願い（どうしてほしいのか）」を明らかにしていきます。

以上の点については、次ページからの逐語記録で詳しく解説していますので、参考にしてください。

5 逐語記録・解説―「悪口を言った、言わない」

この逐語記録は、ピア・メディエーションをより深く理解していただくため、指導用ビデオ5（AL'Sの法則1「悪口を言った、言わない」）から文字起こしし、解説を加えたものです。これから学習される方には、非常に参考になると思います。

学校現場には、いじめや不登校の対応など、取り組まねばならない諸問題が山積しています。子どもたちの人間関係が十分でないため、お互いが疑心暗鬼になって誤解を生み、友だちと衝突したり友だちと距離をとったりする子どもが増えています。

本書では、日常的に生じるもめごとなど対立問題への予防的、人間関係の開発的視点から、仲間による調停（ピア・メディエーション）の導入とその方法を提示しました。日常的に起こるもめごと（対立）問題への対応は、教師にとっては非常にエネルギーのいる問題ですが、避けては通れない必須の課題です。

指導用ビデオに登場する先生たちは、自らの生徒指導能力を高めるために、月1回行われている「奈良教育大学ピア・メディエーション研究会」に参加している方々です。現職教員のなかでも新任、2年めあたりの若い小・中学校の先生たちが中心です。ピア・メディエーションの理論的学習や傾聴スキルなどについて、ロールプレイング法を導入して応答訓練の体験学習を行い、奮闘しながら理論と実践の両面から研究を進めています。

指導用ビデオは、あらかじめストーリーを準備して撮影されたものではなく、解決の方法はすべて即興で取り組まれたものです。本事例で言えば、「悪口を言った、言わない」でトラブルという場面だけを示して、その後は当事者の自由な発言によって進められています。とはいえ、指導用ビデオに登場する先生たちは、傾聴スキルを中心に、ピア・メディエーターの応答訓練に、約1年間取り組んできた成果が現れています。

本逐語記録には、次の視点で解説・コメントしました。
①ピア・メディエーターは、問題解決のために、当事者にどのような態度で接しているか。
②当事者はピア・メディエーターのどのようなかかわり方で問題解決に至ったのか。

以上の2点を意識しながら読んでいただければ、ピア・メディエーションの進め方がほぼ理解できるのではないかと思います。また、ビデオ映像からは、ピア・メディエーターの非言語的メッセージ（うなずきなどの受容的態度）を感じとってください。

(当事者役) 辻本さん、駕田君、(ピア・メディエーター役) 松山君

当事者、ピア・メディエーターのやりとり　( ) は状況加筆	解説・コメント
駕田：なんやねんな。(と、辻本さんに激しい言葉をあびせている) 辻本：駕田君！　なんかさ、学級会のときに私がいつも出しゃばってるって、悪口言ってたやろう。 駕田：言ってない。 辻本：言ってたよ。聞いたもん。 駕田：誰から聞いてん。 辻本：友だちから聞いた。 駕田：誰やねんな。 辻本：絶対言ったやろ。出しゃばりって。 駕田：誰やねんな。	＜もめごと問題の発生場面＞ 　駕田君と辻本さんは同じ班のメンバー。班長である辻本さんは、駕田君が自分の悪口を友だちに言っていることを他の人から聞き、駕田君に問いただすところから問題が始まる。 　そこへ、メディエーション(調停)の訓練を受けた松山君がやってきて、ピア・メディエーションが始まる。
松山：ちょっと待って。えっ、どうしたん。なんかめっちゃもめてるやん。 辻本：(駕田君に)学級会でさ、私のこと出しゃばりって悪口言ったやん。 駕田：言うてへん。 松山：わかった、わかった。もめているの今？　けんかしてるん？ 辻本：うん。 駕田：うん。 松山：じゃあ、もめごとを解決したいと思うねんけど、ちょっとお話に入らしてもらってもいい？★1 辻本：うん。 駕田：うん。	ピア・メディエーター(松山君)の登場 第1段階：合意を得る 　　　　　　(Agree) ★1　話し合いに入っていいかの了解を必ずとる。尊重的態度で、ねぎらいながら了解を求めることがポイント。
松山：いい？ 辻本：いいよ。 松山：一緒に、解決していこう。 辻本：うん。いいよ 駕田：うん。 松山：そのときに3つのルールがあんねんけど、ちょっと聞いてくれる？ 　　　1つめが正直に自分の気持ちを話す。できる？★2-1 駕田：できる。 松山：できる？ 辻本：うん、できるよ。 松山：2つめはしっかりと相手の話を聞く。できる？★2-2 駕田：がんばってみる。 松山：できる？ 辻本：じゃあ、私もがんばる。 松山：3つめは、相手の話を決してさえぎらない。相手がしゃべっているときは、お互いによく聞く。できる？★2-3 辻本：うん、できるよ。 松山：できる？ 駕田：できる。	★2　話し合いの3つのルールを説明し、合意を得る。 ①正直に自分の気持ちを話す ②しっかりと相手の話を聞く ③相手の言葉を決してさえぎらない

当事者、ピア・メディエーターのやりとり　( ) は状況加筆	解説・コメント
松山：よし、ではこの3つのルールを守って、話を聞かせてな。 　　　じゃあ、どっちから話を聞こうかな。★3 辻本：じゃあ、私から言っていい？ 松山：(辻本さんから先に)言ってもらってもいいかな？ 駕田：うん。	第2段階：聞き合う 　　　　　　(Listen) ★3　誰から話し始めるかを当事者で決めるようにもっていくことは、中立的立場を表明する絶好のチャンス。決めかね

72

松山：じゃあ、お願いします。
辻本：私は友だちから、駕田君が学級会でいつも私が出しゃばってるって、出しゃばってるって…
駕田：言ってません！★4
松山：あっ、駕田君。駕田君ちょっと待って。
　　　ルール、2つめと3つめ。まず2つめはしっかりと相手の話を聞くということと、3つめ、相手の言葉を決してさえぎらないというルールがあったよね。ちょっと我慢してくれる？
駕田：うん。
松山：その言いたかった気持ちとか、言いたかったことは覚えておいてな。
　　　次に駕田君の番が回ってくるから。ちょっと待っといてな。★5
駕田：うん。

松山：(聞いてくれて) ありがとう。★6　いける？
駕田：うん。
松山：じゃあ、(辻本さん、続きを) お願いします。
辻本：うん。学級会で私のことをいつも出しゃばりって (言うのを) 聞いたから、なんでそんなこと言うのって駕田君に聞いていたところ。

松山：学級会で出しゃばりって、いっぱい言ったりしているので、どうして駕田君が言うのかと、辻本さんは聞いたわけか。★7
辻本：うん聞いた。

松山：それについてどう思う？★8
駕田：言ってません。
松山：言ってないと。★9
辻本：えー言うたんちゃうん。言ったって聞いたもん。
駕田：誰から聞いたん。
辻本：友だちから。
松山：ちょっと待ってな。今言ってないということで駕田君が言ってくれてたから、その話を聞いてみようか。ルールがあるから、ちょっと待ってくれる？★10
辻本：わかった。★11
松山：言ってないということなんやけど、じゃあ辻本さんが言ってるのはなんでなんやろう。

駕田：知らん。★12
松山：自分には覚えがないっていうこと？
駕田：うん、言ってないし……。

松山：じゃあ、辻本さんに聞いてみようか。言ってないということなんやね。★13
駕田：うん。

松山：言ってないと言ってるけど、どうしよう。★14
辻本：う～ん。でも言ってると思うねん。私の友だちが駕田君が言ってるのを聞いたって言ってるから、悪口言われたと思ってる。
松山：辻本さんは駕田君が言っていると思っているし、駕田君は言ってないと思っているの？★15
駕田：うん。

ているときはメディエーターが提案し双方の了解を求めるとよい。

★4　不規則発言に対しては、「話し合いのルール」で対応することがポイント。ルールを決めずに制止すると、「言い分」を聞いてもらえなかったという不満が残りかねない。

★5　気持ちを抑えきれず、言ってしまったことに対し、ねぎらいの言葉をかける。「感情の受け止め」は、解決にとって極めて重要。

★6　素直に待ってくれたときに「ありがとう」と述べたり、話す順番が回ってきたときに、「(ルールを守って) よく待っていたね。えらかったよ。今度は君が話す番だよ」などとほめてあげると、ルールを守ることの心地よさを得て、ルールを守ろうとする意識が生まれる。

★7　辻本さんが表明した内容をメディエーターの感情を交えずに「繰り返し」応答。

★8　辻本さんから聞いた「事実」を駕田君に確認。

★9　判断保留して単純な「繰り返し」応答。

★10　★4★5に同じ

★11　ここでは見られなかったが、メディエーターの提案を聞き入れてくれた辻本さんに、「ありがとう」と表明しておくこともあっていい。

★12　この場面で、当事者の不遜な態度にメディエーターが感情的になることがありがち。仮に、その態度を叱ると本音が出ず、反発しか残らない。

★13　相手の言ったことを受け止め、そのまま繰り返す。(判断保留)

★14　メディエーターは判断を下さず、解決はあくまでも当事者同士で行うという考え方が貫かれている。

★15　メディエーターは、当事者双方が考えていることを、そのまま提示している。

当事者、ピア・メディエーターのやりとり　　（　）は状況加筆	解説・コメント
松山：これ、どうしよう。どうしようかな。★16 　　　駕田君はそんなこと言った覚えは、1回もないの？ 駕田：1回もってわけはないけど……うん、でもなんか言うてない。 松山：1回もってわけはないの？ 辻本：ってことは言ってるってことと違いますか？ 駕田：そんなんやったら（辻本さんも）言うてるやん、いっぱい。 松山：ちっと待ってね、わかった。駕田君はさっきまで、自分は言ってないということを言ってくれていたけど、辻本さんから何か言われたことがあるって、今ちょっと言ってくれたの？ 　　　そういう気持ちがちょっとあったんかな？★17 駕田：うん、なんかなんでも早よやれ早よやれって命令してくる。★18 松山：早よやれ早よやれって言われることがあったんやね。★19 駕田：班長やから、早よしいや、とかまだできてないのとか、めっちゃ言われてるんです。★20 松山：同じ班で班長で、早よしいやとか、早くやればいいのにという言葉を言われてたんやね。★21　うーん、じゃあ、ちょっと聞いてみるね。そういうふうに駕田君は言ってくれていたけど、（辻本さんは）自分では覚えている？★22 辻本：だって班長やから、いつも駕田君遅いねん。だから、班みんなができないとあかんから、班長だから早くしてって言ってる。★23 松山：班長やから早くしてって、それを言ってるんやね。うん、駕田君が言ってるって言ってるけど、それについてどう思う？★24 駕田：でも、おれは一生懸命やってるつもりやけど、班長やから（辻本さんは）なんでも早くできるんやんか。でもそれで「早よしいや」、とかいつもせかされるから、別に、ぼくもふざけて遅くやってるわけじゃないから、そこを言われても……。★25 松山：駕田君は一生懸命やっているし、辻本さんは班長やからしっかりできるというのを知ってる。しっかりできる人なんやな。★26 駕田：うん。 松山：辻本さん、駕田君は班長としてしっかりやってるということを言ってるけど、どう？ 辻本：うん。なんかしっかりしてるって言われたら、うれしいなと思う。 松山：そして駕田君は、一生懸命にやっていると言っている。 辻本：うん、そっか。なんかいつも自分はちょっと早くできるから、同じように早くやったらいいのに、って思ってしまって……。そういうことをちょっと言ってしまったと思う。★27 松山：そうか、言ってしまったな、と思うんやね。 　　　そう思ってんねやけども、駕田君はどう？ 駕田：そう言われたら、ぼくも班長のことを出しゃばりって、他の友だちに言っていたかもしれない。★28 松山：言ったかもしれないんやね。出しゃばりやと。 駕田：うん。	第3段階：解決する（Solve） ★16　解決はあくまでも当事者で行うという考え方が、この表現によく出ている。 ★17　メディエーターの尊重的態度に支えられて、駕田君の「腹立たしさの表明」が行われるきっかけとなる。 ★18〜21　当事者の腹立たしい気持ちの表明とメディエーターの受け止めと繰り返し。 ★22　辻本さんを責める態度ではなく、尊重的態度で質問。メディエーターは、駕田君の★18の表明を受けて、辻本さんの「願い」は何かを尋ねてもよかったが、この事例では辻本さん自身から「願い」が出てきている（★23）。 ★23　辻本さんの価値観は、班長として早く掃除したい気持ちであることがわかる（対話促進による「違い」の明確化）。 ★24　辻本さんの「願い」と「感情」の受け止めと確認。 ★25　駕田君の「願い」「価値観」は、自分のペースで一生懸命掃除をしたい気持ちであることがわかる（対話促進による「違い」の明確化。p68図4参照）。 ★26　両者のよい面（リソース）の発見と賞賛（コンプリメント）が、両者の感情を素直にさせ、解決への原動力となる。見事な応答である。 ★27　辻本さんが駕田君から「願い」（★25）を聞き、自分も強く言ってしまっていることを表明。 ★28　すると自分の気持ち「願い」を受け入れられた駕田君は、悪口を言ったことをすんなり認める。

松山：あっ、自分で今、言ったことを認めたんやね。 駕田：うん、言っていたかもしれない。 松山：言っていたかもしれない、と駕田君は認めたけど、どう思う？ 辻本：さっきは絶対言ってないって言って、私はうそつきって思ったけど、今は素直に言ってくれたら、言われたことはいややけど、<u>素直に言ってくれたことはうれしいなと思った。</u>★29 松山：さっきまでは駕田君のことを、言ったやろ、うそつきって思っていたけど、認めてくれたから仕方ないなと思えるんやね。 辻本：素直に言ってくれたのはうれしいなと思った。 松山：どう、お互いに？ 　　　駕田君は言ったことを認めるんやね。 駕田：あのー、班長は大変やし、おれみたいに遅い人がいると、やっぱり大変やし、その気持ちはわかるから、<u>ぼくも「あの班長出しゃばりやわー」とか、「いつもせかされて」とかを言ってしまったのは自分も悪かった。</u>★30　自分たちのためにがんばって動いてくれてる班長やから、ぼくも班長が気持ちよくすごせるように、がんばらないといけないな、と思った。 松山：辻本さんも班長としてがんばっているということを思っているんやね。そして自分が言ってしまったことも、悪いなと思うわけか。 駕田：うん。 松山：そのように駕田君は言っているわ。 辻本：班長やから出しゃばりって思われてんのかな、と思っていたけど、がんばってるとか、そういうふうに思ってくれてんねやったら、よかったなと思った。 松山：駕田君はどう思う？　自分が言ってしまったことは悪いなって言っていたけども。 駕田：<u>うん、あやまりたい。</u>★31 松山：あやまりたいなーと思うわけか。じゃあ、どう？ 駕田：辻本さん、出しゃばりって言ってしまってごめんね。ぼくもがんばるから、班長もやさしく言ってほしいな。 辻本：はいわかりました。 松山：辻本さんはどんな気持ち？ 辻本：私もいつもきつい言い方ばかりしていたから、一生懸命やっているのに時間がかかるってわかったから、これからは言うときはやさしく言うから、駕田君もプリントやるのとかがんばってやってな。<u>ごめんな。</u>★32 松山：自分がきつく言っていたなと思ったんやね。これからはやさしくしようと思うんか。駕田君、こう言ってくれてるわ。 駕田：うれしい。 松山：よかったね。お互いの気持ちはどう？ 辻本：ちょっと出しゃばりって言われてるっていややったけど、自分もきついことばっかり言っていたのがあったからかなと思うから。うん。よかった。（相手の）気持ちがわかって。よかった。 松山：駕田君もよかったね。 駕田：よかった。 松山：じゃあ、最後に握手しようか。 駕田：ごめんね。 辻本：ごめんね。　（終）	★29、30　相手が思っていた「感情」や「願い」を知り、わかり合えたことに満足感を得て、相手を受け入れようとする気持ちが出てくる。 ★31、32　素直に「ごめんね」と謝罪できるようになる。

おわりに
ピア・メディエーションは日本の教育を大きく変える

　本書は、2008年8月に寝屋川市教育委員会指導主事の竹内和雄先生と池島が意気投合して、奈良教育大学「ピア・メディエーション研究会」を立ち上げ、同市の若い先生方と学級経営や生徒指導上の問題について協議してきた結果生まれたものです。研究会に参加している先生方は、日に日に実践的指導力を身につけてこられ、正直驚いています。
　どうしてそのような力が身についてきたのかふりかえってみると、先生方自身も語っているのですが、本書で取り上げたピア・メディエーションスキルの学習が、大きな影響を与えたのではないかと思います。
　学校は、もめごと問題の宝庫であると言ってもいいくらい多忙な毎日です。子どもたちにとっては、友人とのもめごとは一大事の出来事です。そのときに問題を真正面から受け止めてやり、メディエーションの理論的知見を踏まえて民主的な話し合いによって首尾よく解決できたとき、大きな成功体験となることは間違いありません。自己肯定感が高まることはもちろん、子どもの信頼度も増すことは確実でしょう。
　私は、これまで学校で生じるいじめなどの教育臨床的問題に対して、多くの先生方とかかわってきました。特に、ここ10年ほどは、ピア・サポートの考え方を取り入れ、問題行動の予防、人間関係の開発的視点からの対応策を検討してきました。本書で紹介した指導プログラムの多くは、これまでの臨床研究で蓄積してきたものです。特に、ピア・メディエーションスキルは、いじめ予防の視点から見て、これまでのいじめ対応策のなかでも極めて優れた学校指導モデルであると確信しています。
　本書に収められた指導用ビデオの作成は、学級で使える教材が欲しいという話から始まり、ピア・メディエーション研究会のメンバー自らが出演者となって作成したものです。確かな理論的知見と体験学習の両面によって、学びが確実なものになっていったのではないかと思います。ＤＶＤに収められた指導用ビデオ・手書きの指導用シートなどは、先生方の労作です。現場の実態に即した本物の教材が示されていると言えるものです。
　ぜひ本書を活用され、生き生きとしたクラスづくりに役立てられることを願っております。

池島　徳大

　「昔はよかった」「昔の子は遊びのなかで社会性を身につけた」と、いい時代をふりかえっていても埒があかない──このような問題意識を持ってスタートしました。本書では、ピア・メディエーションという、欧米でかなり広く行われている手法を、日本の学校に合う形にアレンジしています。ピア・メディエーションを学問的に机上で

学ぶための本ではありません。取り組みを通して、子どもたちが社会性や望ましい人間関係を築く力が身につけられるようになるための本です。さらに、よりよいクラスづくりができることが目標の本です。

　本書を手に取ると、ピア・メディエーションをクラスにすぐ導入するための工夫が施されていることにお気づきになると思います。特別の準備がなくても、すぐに授業ができるよう、改良に改良を加えました。実際に担任１年目の先生方のクラスで活用し、成果を上げた指導プログラムです。活用したクラスの子どもたちは、予想以上にこの手法を身につけました。相手の話を上手に聞き、相手の気持ちを考える習慣ができたクラスは、自然と居心地のよいクラスになっていきました。また、驚いたことに、子どもたちが自分たちでトラブルを解決できるようになっただけでなく、トラブル自体が激減したのです。トラブル当事者が、自分の怒りをコントロールできるようになったからだと考えています。

　付録ＤＶＤの指導用ビデオは、そのまま見せるだけでも効果が上がるように工夫しています。時間がない場合は、ビデオの一部を見せるという活用方法もあります。ある中学校では、朝礼で「指導用ビデオ１　怒りの感情を知ろう」を流し、生徒指導担当が全校生徒に説明しました。

　もちろん、指導用シートを活用し、指導案を参考にしながら授業で取り組むとさらにいいです。全10時間の指導例を掲載しています。さらに実際のトラブル場面のロールプレイなど、体験を通して学ぶ時間を増やすと、より効果的です。指導用シートは、ワードファイル・一太郎ファイル・手書きＰＤＦファイルの３種類でＤＶＤに入れてあります。学校やクラスの状況に応じて改変し、ご利用ください。

竹内　和雄

　本書で説明していることは、当たり前のことばかりです。ピア・メディエーションと言われると、取っつきにくいかもしれませんが、オーソドックスな基本的な事柄ばかりです。ただ、ピア・メディエーションという発想を使うことで、系統立て、順序よく、わかりやすく伝えられます。

　ピア・メディエーションは日本の教育を大きく変えるインパクトを持っています。日本中のクラスで実践され、子どもたちが自分たちでトラブルを解決する力を獲得し、さらに磨かれていくことを期待してやみません。

　本書作成にあたり、研究会の先生方をはじめ、撮影・映像の編集等でかかわっていただいた皆さんに厚く御礼を申し上げます。また、当時、富山県から内地研究に来られていた堀井先生には、短期間でしたが撮影等で大変お世話になりました。ありがとうございました。

　最後に、本書出版にあたり熱意をもって進めていただいた、ほんの森出版の小林敏史さんに心から感謝申し上げます。

平成23年５月　監修・著者しるす

参考・引用文献

- Brown,D.（2003）*Creative Conflict Resolution : A Training Manual*, The Continuous Learning Curve, Canada.
- Carr,R.（1980）*Peer Counselling Starter Kit : A Peer Training Program Manual*, Peer Resouces, Victoria, British Columbia Canada.
- Cohen,R.（1995）*Student Resolving Conflict*, Good Year Books, 27-51, 165-170.
- Cole,T.（1999）*Kids Helping Kids*, Peer Resources, Canada, 154-157（バーンズ亀山静子・矢部文訳『ピア・サポート実践マニュアル』川島書店, 2002年）
- Cowie,Helen & Sharp,Sonia（1997）*Peer Counselling in Schoos*, David Fulton Publishers, London.（高橋通子訳『学校でのピア・カウンセリング』誠信書房, 1997年）
- Cowie,Helen（2003）*Peer support : How young people themselves challenge school bullying*, SEMINAR PROGRAMME AND ABSTRACTS Oxford-Kobe Seminars StCatherine's College（University of Oxford）Kobe Institute.
- Cowie,Helen（2008）第6回日本ピサ・サポート学会総会・研究大会記念講演「日英両国におけるピア・サポート研究の概要－イギリスのピア・サポート活動の現状と課題」『ピア・サポート研究』（5）, 45-54
- Ellenberger,H.F.（1970）*The Discover of the Unconscious*, Basic Book Inc., New York.（木村敏・中井久夫監訳『無意識の発見下』弘文堂 38, 1980年）
- Faupel,A.,Herrick,E.,and Sharp,P.（1998）*Anger Management : A practical guide*, David Fulton Publishers, London（戸田有一訳『子どもをキレさせない おとなが逆ギレしない対処法』北大路書房, 2003年）
- Girard,K. & Koch,S.J.（1996）*Conflict resolution in the schools : A manual for educations*, Jossey-Bass, CA.SF.
- Gurp,H.（2002）*Peer Mediation : The Complete Guide Resolving Conflict in Our School*, Portage Main Press, 2,5-6.
- 本田恵子（2002）『キレやすい子の理解と対応－学校でのアンガーマネージメント・プログラム』ほんの森出版
- 本田恵子（2007）『キレやすい子へのソーシャルスキル教育－教室でできるワーク集と実践例』ほんの森出版
- 池島徳大（1997）『クラス担任によるいじめ解決への教育的支援』日本教育新聞社
- 池島徳大・倉持祐二・橋本宗和・吉村ふくよ（2004）「人間関係形成能力を高めるクラスワイド・ピアサポートプログラムの導入とその効果」『奈良教育大学教育実践総合センター研究紀要』（13）, 127-135
- 池島徳大他（2005）「人間関係形成能力を高める対立解消プログラムの学級への導入とその展開」『奈良教育大学教育実践総合センター研究紀要』（14）, 133-139
- 池島徳大他（2006）「いじめなどの問題に対する学級経営改善のための対立解消プログラムの開発－カナダにおけるピア・サポート活動を手がかりとして」『教科教育学研究』（24）, 315-347
- 池島徳大他（2007）「ピア・メディエーション（仲間による調停）プログラムの実践的導入に関する研究」『奈良教育大学教育実践総合センター研究紀要』（16）, 261-270
- 池島徳大（2008）「メディエーション」（國分康孝監修『カウンセリング心理学事典』誠信書房）220-222
- 池島徳大（2010）「ピア・メディエーションに関する基礎的研究」『奈良教育大学教育実践総合センター研究紀要』（19）
- 嘉ノ海仁士（2007）「中学校におけるアンガーマネージメントプログラムの開発的研究」兵庫教育大学大学院学校教育研究科学校教育専攻 生徒指導実践コース学位論文
- Kreidler,W.J.（1990）*Creative Conflict Resolution*, Good Year Books, 1-5.
- Lewick,R.J.,Litterer,A.J.,Minton,J.W.&Saunders,D.M.（1994）*Negotiation, (2nd Ed.)*, Burr Ridge, IL:IRWIN.
- 水野修次郎（2004）『争いごと解決学練習帳－争いトラブル防止教育』ブレーン出版 18-19,136
- 森田洋司（2007）「教育課題としてのいじめ－いじめ問題を通じて何を教育すべきか」『教育展望』52（2）, 4-11
- 中野武房・日野宜千・森川澄男編著（2003）『学校でのピア・サポートのすべて』ほんの森出版
- Northern Virginia Mediation Service（1985）*Training manual for basic mediation skills & process*, VA:Northern Verginia Mediation Service.
- 岡山県教育センター（2003）「中学校におけるアンガーマネージメントの試み」
- レビン小林久子（1998）『調停者ハンドブック』信山社, 1-3
- Richard,Nelson-Jones（1990）*Human Relationship Skills : Training and self-help, (2nd Ed.)*, Cassell Plc.,London.（相川充訳『思いやりの人間関係スキル』誠信書房, 352-368, 1993年）
- 三田恵子（2008）「友達同士の間違った上下関係を解消するピア・サポート」『月刊学校教育相談』22（10）16-21
- 鈴木有香著・八代京子監修（2004）『交渉とミディエーション』三修社, 22-23
- 牛山幸世・岡部良太・並木恵祐・弘島章平・芳川玲子（2008）「中学生へのピアサポートプログラムの試み（I）－各プログラムの意味評価の検討（社会）」『日本教育心理学会総会発表論文集』（50）352

<監修・著者紹介>

池島 徳大（いけじま・とくひろ）　監修者・第2章担当
兵庫教育大学大学院学校教育研究科生徒指導実践開発コース特任教授
前奈良教育大学大学院教育学研究科教授。博士（学校教育学）。臨床心理士、学校心理士ＳＶ。ピア・サポートコーディネーター。専門は、いじめ・不登校などの学校教育臨床、生徒指導。日本ピア・サポート学会会長、日本学校教育相談学会奈良県支部理事、日本心理臨床学会、日本生徒指導学会等会員、（独）教職員支援機構講師。著書に『クラス担任によるいじめ解決への教育的支援』（日本教育新聞社）など。

竹内 和雄（たけうち・かずお）　第1章担当
兵庫県立大学環境人間学部准教授（教職担当）
公立中学校で20年間、生徒指導主事等を担当（途中小学校兼務）。市教委指導主事を経て、2012年より現職。生徒指導を専門とし、いじめ、不登校、ネット問題、生徒会活動等を研究している。日本ピア・サポート学会認定ピア・サポートコーディネーター。著書に『スマホ時代に対応する生徒指導・教育相談』（ほんの森出版）、『家庭や学級で語り合う スマホ時代のリスクとスキル』（北大路書房）など。

<授業者および教材開発> (所属は初版時)

辻本 佳代（まんが・イラストも）
大阪府寝屋川市立第二中学校

松山 康成
大阪府寝屋川市立東小学校

山下 雄介
大阪府寝屋川市立池田小学校

駕田 昌司
大阪府寝屋川市立北小学校

美藤 健児
大阪府寝屋川市立木屋小学校

中條 仁志
大阪府寝屋川市神田小学校

福井 淳也
大阪府大阪市立淡路中学校

良本 春恵
大阪府大阪市立淡路中学校

藤村 ゆうみ
奈良女子大学文学部人間科学科

堀井 祥照
富山県高岡市立南星中学校
奈良教育大学大学院専門職学位課程研究生

<映像編集など協力者>

冨田 幸子
大阪府寝屋川市立第二中学校

竹内 一真
京都大学大学院教育学研究科博士後期課程

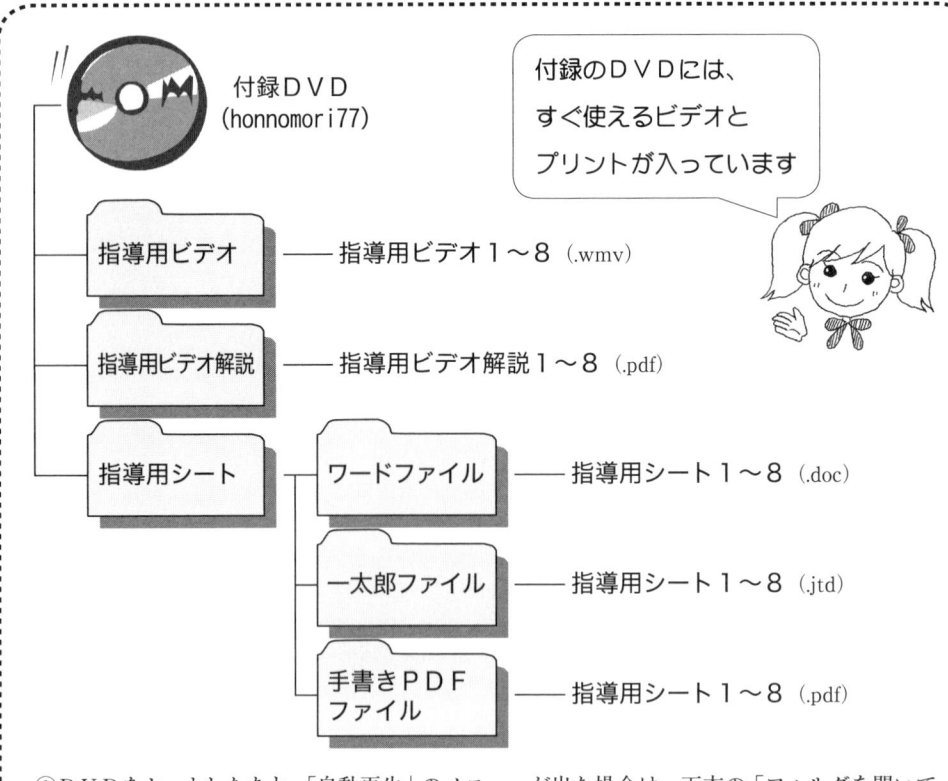

付録ＤＶＤ
(honnomori77)

付録のＤＶＤには、すぐ使えるビデオとプリントが入っています

- 指導用ビデオ —— 指導用ビデオ１〜８（.wmv）
- 指導用ビデオ解説 —— 指導用ビデオ解説１〜８（.pdf）
- 指導用シート
  - ワードファイル —— 指導用シート１〜８（.doc）
  - 一太郎ファイル —— 指導用シート１〜８（.jtd）
  - 手書きＰＤＦファイル —— 指導用シート１〜８（.pdf）

①ＤＶＤをセットしたあと、「自動再生」のメニューが出た場合は、下方の「フォルダを開いてファイルを表示」をクリックし、上記の図を参考に目的のファイルを開いてください。
②「自動再生」のメニューが出ない場合は、スタートボタン→コンピューター→honnomori77という名前のついたドライブをクリック、目的のファイルを開いてください。
③ビデオが自動で再生してしまった場合は、ビデオを右上の⊠で終了したあと、②と同手順で目的のファイルを開いてください。
④ビデオ再生時、読み込みに時間がかかり再生が中断してしまう場合は、ビデオのファイルをハードディスクのデスクトップなど適当な場所にコピーしてお使いください。
⑤ビデオ映像はやや縦長で再生されます。ご了承ください。

ＤＶＤ付き ピア・サポートによるトラブル・けんか解決法！
指導用ビデオと指導案ですぐできるピア・メディエーションとクラスづくり

2011年７月７日　第１版　発行
2017年９月25日　第４版　発行

監修者　池島徳大
著　者　池島徳大・竹内和雄
発行者　小林敏史
発行所　ほんの森出版株式会社
〒145-0062　東京都大田区北千束 3-16-11
Tel 03-5754-3346　Fax 03-5918-8146
http://www.honnomori.co.jp

印刷・製本所　研友社印刷株式会社

© Tokuhiro Ikejima, Kazuo Takeuchi, 2011　Printed in Japan　　ISBN978-4-938874-77-3 C3037
落丁・乱丁はお取り替えします